奴隶船

海上奴隶贸易400年

〔日〕布留川正博
（Masahiro Furugawa）

著

李 叶 译

浙江人民出版社

图书在版编目（CIP）数据

奴隶船：海上奴隶贸易400年 /（日）布留川正博著；李叶译. -- 杭州：浙江人民出版社，2025.4. -- ISBN 978-7-213-11875-3

Ⅰ．F119

中国国家版本馆CIP数据核字第20256RL817号

浙江省版权局
著作权合同登记章
图字：11-2022-238号

奴隶船：海上奴隶贸易400 年
NULICHAN：HAISHANG NULI MAOYI 400 NIAN
〔日〕布留川正博　著　李 叶 译

出版发行：浙江人民出版社（杭州市环城北路 177 号　邮编　310006）
　　　　　市场部电话：（0571）85061682　85176516

责任编辑：潘海林

特约编辑：涂继文　昝建宇　杨钰霆

责任校对：杨　帆

责任印务：幸天骄

封面设计：DD.DD Studio

电脑制版：北京之江文化传媒有限公司

印　　刷：杭州丰源印刷有限公司

开　　本：880 毫米 ×1230 毫米　1/32　　印　张：7.375

字　　数：354 千字　　　　　　　　　插　页：4

版　　次：2025 年 4 月第 1 版　　　　印　次：2025 年 4 月第 1 次印刷

书　　号：ISBN 978-7-213-11875-3

定　　价：69.00 元

如发现印装质量问题，影响阅读，请与市场部联系调换。

序 言

鲁滨孙·克鲁索的奴隶贸易

　　说起《鲁滨孙漂流记》（1719年），许多读者都曾读过，我无意在此赘述，不过那确实是个不折不扣的苦难故事。主人公鲁滨孙·克鲁索在加勒比海上漂流，漂至一座深海孤岛，在那里生活了数十年。他合理规划时间，饲养和种植了许多动植物，始终没有放弃返回英国的希望，一直等待着有船只经过将自己带回祖国。

　　作者丹尼尔·笛福（Daniel Defoe）于1660年左右在伦敦出生，1731年离世，但他将小说主人公鲁滨孙的出生时间设定在1632年。鲁滨孙的父亲是一名从事贸易的外国商人，出生于德国不来梅（Bremen），起初定居在英国东北部约克郡的海港城市——赫尔，随后又移居内陆城市约克市。彼时，鲁滨孙的父亲放下生意，与出身于当地名门望族的母亲结了婚，因而鲁滨孙出生在约克市。

　　实际上，鲁滨孙的故事中还讲述了他漂流至孤岛前的经历，作者对当时的英国乃至欧洲世界的真实状况进行了精彩描绘。那么，就让我们详细了解一下其中与本书背景相关的内容吧。

鲁滨孙有两个哥哥，大哥是一名英国陆军中校，在敦刻尔克附近与西班牙军的一次战斗中阵亡，二哥则下落不明。父亲让小儿子鲁滨孙接受了完整的教育，希望他毕业后成为一名律师。但是，当时的鲁滨孙不愿意听从父亲的意愿，他渴望登船出海航行，到海外一展抱负。这个宏愿一天比一天强烈，而关于自己的将来，鲁滨孙与父亲冲突不断。父亲认为：你的家境那么好，最适合成就人生幸福……想出国重新开创一番事业的想法简直愚蠢透顶。

然而，鲁滨孙却不顾父母的强烈反对，于 1651 年登上了一艘从赫尔开往伦敦的船。由于逆风的影响，船被迫停泊在诺福克郡的雅茅斯，随后强风变成暴风雨，船只沉没，他不得不改走陆路去伦敦。

到了伦敦，鲁滨孙登上了从伦敦开往非洲沿岸的船。该船船长以前曾在几内亚大赚过一笔，因而打算再度前往捞金。鲁滨孙和船长有了交情，买了价值大约 40 英镑的玩具和杂货装上船，在非洲沿岸换成金沙，又将换来的金沙带回伦敦以近300 英镑的价格售出。

这次几内亚航海之旅大获成功，不仅如此，鲁滨孙还从中学会了航海技术和经商之道。不久，他再度登上了同一艘船，希望上次一样的方式再赚一笔。然而，之前的船长已经去世，领航员成了新任船长，而且这次等待他们的是一场厄运——在前往加那利群岛的途中，他们遭遇了盘踞在萨累（今摩洛哥的萨累港）的土耳其海盗的袭击。尽管他们奋力反击，最后还是被迫投降。存活下来的船员被掳至萨累，鲁滨孙自己则成了海盗船船长的私人奴隶，在船长家做家奴，干着各种杂活，就这样度过了两年。

其间，鲁滨孙一心想要摆脱奴隶的身份。终于，他等到一个机会逃了出来，划着一条船帆不小的钓鱼船，与一名叫朱利的少年奴隶一起出了海。

他们花了几天时间逃出萨累，并沿着海岸线一路南下。由于食物和饮用水即将消耗殆尽，他们便将船停泊在一条有人烟的海岸边，用肢体语言向当地人表达对食物的需求。当地人将肉干和谷物放在海岸边，便退到稍远的地方。鲁滨孙拿到食物后，觉得应该知恩图报，便将碰巧用枪猎获的一头豹子送给了当地人，自己仅留下豹皮。这个举动让鲁滨孙收获了更多的食物和饮用水，而这样的交易方式在人类学中被称为"沉默交易"。

鲁滨孙继续南下。数日后，他们终于看到了东边的佛得角半岛与西边的佛得角群岛。突然，同行的朱利发现远处有帆船，并且确认该船是葡萄牙的船只。于是他们扬帆奋力追赶，但越追距离那艘大船就越远。

好在葡萄牙大船似乎是发现了他们，速度慢慢降了下来。就这样，鲁滨孙和朱利获救了。当时，这艘葡萄牙大船正在驶往巴西的途中，22 天以后到达了巴西东北部的巴伊亚州，那里有葡萄牙设在巴西的总督府。到岸后，船长不仅没有向鲁滨孙收取船费，还付给他 80 比索的西班牙银币作为购买他小船的费用。由于朱利希望在船长手下工作，鲁滨孙便与船长交涉，将朱利让渡给了船长，条件是如果朱利成为基督徒，便可在 10 年后恢复自由人身份。船长还买下了豹皮及其他物品，最终鲁滨孙获得了 220 比索，他拿着这笔钱，开启了在巴西的生活。

船长还将当地经营甘蔗种植园的人介绍给了鲁滨孙。鲁滨孙在那位经营者手下待了一些日子，并学会了制糖的方法。他想成为巴西当地土地经营者的想法越发强烈，于是买了属于自己的土地，前两年的耕作还只为自给自足，第三年就开始了烟草的种植。

接着，鲁滨孙又与邻居——他的葡萄牙朋友商量筹备种植甘蔗的土地。在那段时间里，他利用自己存放在伦敦的 100 英镑购买了经营种植园所必需的工具，并从伦敦运来了英国生产的布匹和毛织品。协助处理这些事情的便是前文提到的葡萄牙船长。不仅如此，船长还给他带来了一名拥有 6 年工作资历且颇为机灵的仆人。由于那批英国产品在巴西被高价卖出，鲁滨孙便以此为资本买下一名黑人奴隶，又雇用了一名欧洲出身的契约劳工。

烟草的种植走上正轨后，鲁滨孙的事业看起来顺风顺水。然而，在他定居巴西的第四年，巴伊亚州的三名种植员给鲁滨孙了一个提议，希望他能作为船上的领航员前往几内亚一趟，去购买本地稀缺的黑人奴隶。此前，鲁滨孙曾和这些人谈论过他在非洲的贸易经历。

考虑到自己无须负担任何费用，而且黑人奴隶贸易成功之后还可以得到分红等条件，鲁滨孙接受了这一提议。经过充分的准备，鲁滨孙于 1659 年 9 月 1 日从巴伊亚州的萨尔瓦多港起航。奇妙的是，这与他 8 年前不顾父母反对，从赫尔港出海刚好是同一天。此次航行使用的船排水量为 120 吨，架有 6 门炮，除船长、勤务员、鲁滨孙外，还有 14 名船员。船上装载着用以交换奴隶的物品，如串珠、玻璃制品、贝壳制品、镜子、小刀、剪刀、手斧等。

起初，他们沿着海岸线向北进发，大约 12 天后越过赤道，继续朝东北方向航行，不久后遭遇了此行的第一次暴风。暴风肆虐了 12 天，鲁滨孙好几次都以为船要沉没了。其间，一名船员因中暑死去，一名船员和少年勤务员被海浪拍走。暴风吹得船向西偏航了许多，最终到达的地方不知是南美洲的圭亚那沿岸，还是奥里诺科河的河口附近。船的受损程度相当严重，为了修理船只，他们打算前往加勒比群岛（西印度群岛）的巴巴多斯岛。

然而，船只很快又遭遇了第二次大暴风，船向西漂流，突然触礁搁浅。鲁滨孙只好和船员们降下船上装载着的救生船，全员挤在上面，朝着陆地的方向拼命划。可是"狂怒的巨浪"从后方袭来，打翻了救生船。鲁滨孙尽管吞进了许多海水，最终还是游到了岸边。不过，他发现只有自己一个人活了下来。触礁的船搁浅在远处……从此，鲁滨孙开始了大家所熟知的孤岛生活。

借由上述故事，我们来确认几个历史背景。

第一，鲁滨孙即使遭到父母反对，仍强烈希望出海闯荡，一展宏图。他自己虽然没有明说，但内心已深切感受到了他所处的社会环境，那是一个通过海外殖民地开发或者海外贸易便可获得巨额财富的时代。

现实历史中亦然。英国于 17 世纪中叶以前在北美的弗吉尼亚州建立了殖民地，英国的船只往来于加勒比海地区。继 1627 年英国殖民巴巴多斯岛之后，又在 1655 年占领牙买加并殖民地化。海外贸易有竞争对手且存在着一定的风险。鲁滨孙在从伦敦出发的第二次航海中遭遇了土耳其海盗的袭击，成为奴隶，印证的正是这一情况。

鲁滨孙被葡萄牙船救起并去了巴西，是以当时英国与葡萄牙的友好关系为背景的。16 世纪末至 17 世纪，巴西进入了"砂糖时代"，奴隶制下的甘蔗种植园发展繁荣，作为副业的烟草种植也发展了起来。尤其是后者，即使本金不多也可以经营。鲁滨孙从自给自足的谷物种植到烟草种植，又到甘蔗种植并进一步扩大经营规模，奴隶劳动力成为必需，因此才会为了奴隶贸易前往非洲。但是，那里也有数不尽的苦难在等待着他。

作者笛福就是在这样的历史背景下，创作出《鲁滨孙漂流记》的。接下来我将进行更详尽的说明。15 世纪中叶，葡萄牙商人作为先驱首先打开了大西洋奴隶贸易的大门。进入 17 世纪以后，奴隶贸易成为包括加勒比群岛在内的南北美洲殖民地开发的必要条件。继葡萄牙之后，荷兰也参与到奴隶贸易中。17 世纪后半期，英、法等国成立了奴隶贸易垄断公司。接下来的 18 世纪是奴隶贸易最繁盛的时期，用以开展奴隶贸易的专用船只在大西洋上往来穿梭，这些船就是奴隶船。

　　本书以下章节即是以奴隶船为主题，讲述围绕着大西洋奴隶贸易而展开的世界史。此外，亦期望能够深入探究现代奴隶制度的细节，以及残留至今的种族歧视问题。

　　在第一章"近代世界与奴隶贸易"中，首先以特立尼达历史学家、政治家艾里克·尤斯塔斯·威廉斯（Eric Eustace Williams）的代表作《资本主义与奴隶制》（*Capitalism and Slavery*）[①] 为例，揭示近代资本主义发展中不可或缺的奴隶制度，以及支撑该制度的奴隶贸易。葡萄牙人作为大航海时代的先驱在向"东印度"（印度次大陆及其以东的东南亚、中国、日本）进军的同时，也南下非洲各地设立贸易据点。显然，作为其衍生品，奴隶贸易由此开始。

　　近年来，从事当时奴隶贸易的船只的相关数据库被公之于世。该数据库体量庞大，涵盖了大约 400 年间 35000 件以上

―――――――――

① 该书汉语译本已出版。艾里克·尤斯塔斯·威廉斯著：《资本主义与奴隶制》，陆志宝、彭坤元、张晓华译，北京师范大学出版社 1982 年版。——译者注

的数据。本书将尽可能活用该数据库。此外，打造了新大陆[①]最大殖民地的西班牙，尽管主张劳动力对殖民地开发的必要性，但在19世纪前，其对奴隶劳动的调配基本是委托给其他国家的贸易商。该制度被称为"奴隶贸易专营权"。

在第二章"操纵奴隶船的人们"中，我们首先着眼于奴隶船本身的构造。既能够以最快的速度完成从非洲到新大陆的航程——中央航路，又可以装载最多的奴隶，而且还能将损耗降到最低，这样的奴隶船究竟是一种什么样的存在？可以想象得到，奴隶船简直就是一座"移动的监狱"，船上经常伴随着奴隶"叛乱"的危险。此外，该章还会探索"奴隶船"是如何在非洲各地获取奴隶的以及奴隶在奴隶船上又经历怎样的命运。

实际操纵奴隶船的是船长、船员和水手们。一方面，船长可以行使独裁的权力，像使唤奴隶一样使唤水手；另一方面，面对奴隶，船长和水手又需要共同防御船上各种各样的危险，两者既协同又对立。

最后，"奴隶商人"指的是在欧洲各地奴隶贸易港上，统筹奴隶贸易整个过程并对之进行投资的资本家。他们都是当地富裕的名门望族。此外，还有在新大陆各地购买奴隶时负责开具票据的各国代理商。本章也会探讨这些与奴隶船相关的各类人员。

———————

[①] 旧大陆是指哥伦布发现美洲大陆以前大洋的亚、非、欧三洲（欧洲认识的世界）。新大陆是相对于旧大陆来说的，美洲和澳洲属于所谓的新大陆。——译者注

在第三章"走上禁止奴隶贸易之路"中，一方面以率先推动禁止奴隶贸易的英国为中心，聚焦废奴运动的核心人员及相关势力。首先，通过 1772 年萨默塞特案（Sommersett's Case）的判决，讨论在英国的黑人的相关问题。其次，探究 1787 年成立的"废除奴隶贸易协会"（Society for the Abolition of the Slave Trade）的核心力量——贵格会教徒（Quakers）与英国国教会福音派在废奴运动中所扮演的角色，两者均与大众请愿签名运动及在议会上的游说活动紧密相关。另一方面，欧洲大陆正在进行法国大革命，加勒比海法属圣多明戈（海地）也爆发了大规模的奴隶叛乱（革命）与之遥相呼应。

1807 年，英国持续推进禁止奴隶贸易运动，翌年，美国也禁止了奴隶贸易。之后，英国政府利用外交手段及军事压力，抵制其他国家的奴隶贸易活动。19 世纪，最大的奴隶进口地区为巴西和古巴，前者更是约占 19 世纪奴隶进口量的六成。与古巴奴隶进口相关的是，1839 年奴隶船"阿米斯塔德（Amistad）号"上爆发的奴隶"叛乱"（抵抗）事件。围绕该事件，美国与西班牙政府因其对待奴隶贸易及奴隶制度的态度而被追究责任。

奴隶贸易被禁止后，奴隶制度却依然存在。英属西印度群岛的甘蔗种植园、美国南部的棉花种植园、巴西东南部的可可种植园依旧繁荣。

第四章"从废除奴隶制至现代的漫漫征途"主要从比较史的视角讲述各种奴隶制种植园的实际状况以及走向废奴之路

的历史动向。即使奴隶制已经废除，从奴隶身份中解放出来的他（她）们却依然处于社会最底层，至今仍遭受着歧视。

不仅如此，尽管奴隶制已经废除，种植园仍需要经营下去。因此，除美国外，英属西印度群岛和巴西都引进了大量的移民，以作为替代奴隶的劳动力。1888 年，巴西废除奴隶制后，奴隶制看似在全世界消失得无影无踪，然而余烬未灭，直到现代也依然存在。而现代奴隶制的最大特征就是：它集中存在于弱势女性与儿童中，在本书的最后拟对其细节进行介绍。

目录

第一章
近代世界与奴隶贸易

一、奴隶制度的世界史意义——艾里克·威廉斯之问 002

　《资本主义与奴隶制》 002

　威廉斯理论 004

　三角贸易的影响 008

二、奴隶贸易的历史起源 011

　对伊斯兰世界的认知 011

　溯及中世纪的奴隶贸易 013

　大西洋奴隶贸易的"先驱" 015

三、公之于世的400年奴隶贸易实况——历史学的新挑战 019

　科廷的统计研究 019

　新数据库的登场 022

　升级为TSTD2 025

　来自新数据库的发现 029

四、奴隶贸易专营权的意义 ····················· 034

西班牙美洲殖民地的形成 ················· 034

奴隶贸易专营权 ·························· 037

继葡萄牙商人之后 ······················ 041

英国南海公司 ··························· 043

欧洲各国的奴隶贸易活动 ················· 047

第二章
操纵奴隶船的人们

一、"移动监狱"——奴隶船的结构与实况 ··············· 054

奴隶船"布鲁克斯号" ·················· 054

奴隶船的结构 ·························· 058

二、沦为奴隶的非洲人——人口贩卖、中央航路、"叛乱" ······· 064

达荷美王国与奴隶交易 ················· 064

艾奎亚诺的生平与奴隶船体验 ·········· 067

频繁爆发的奴隶"叛乱" ················ 071

三、船长与水手 ·································075

《奇异恩典》与约翰·牛顿 ············· 075

成为奴隶船船长 ······················· 078

水手的调配 ··························· 082

水手的工作 ··························· 084

水手的最终命运 ······················· 086

四、奴隶商人与代理商——奴隶船的幕后推手 ············ 088

奴隶商人达文波特 ····················· 088

奴隶商人的财富 ······················· 092

　　奴隶贩卖代理商与佣金代理商 ·················· 094

第三章
走上禁止奴隶贸易之路

一、从萨默塞特案开始 ·························· 100
　　在英黑人 ······························· 100
　　曼斯菲尔德的判决 ······················ 103
　　奴隶船"宗号"事件 ···················· 105

二、拉开废奴运动的序幕——贵格会教徒与英国国教会福音派 ········108
　　废除奴隶贸易协会 ······················ 108
　　乔治·福克斯与约翰·伍尔曼 ············ 110
　　贵格会教徒的决议与精神 ··············· 111
　　泰斯顿集团与詹姆斯·拉姆齐 ·········· 113
　　汉娜·莫尔、威廉·威尔伯福斯、托马斯·克拉克森 ········· 116

三、禁止奴隶贸易运动与抵制砂糖运动 ·········· 119
　　第一次运动 ··························· 119
　　国际的协作 ··························· 123
　　抵制砂糖运动 ························· 124
　　第二次运动 ··························· 127

四、海地的奴隶"叛乱" ·····················130
　　《开曼森林祭典》 ···················· 130
　　法国大革命与《人权宣言》 ············ 132
　　废除奴隶制 ························· 134
　　杜桑·卢维杜尔与拿破仑 ·············· 136

五、英国禁止奴隶贸易 140

废奴运动人士再集结 ·· 140

最终局面 ··· 142

六、在英黑人与塞拉利昂殖民地 ····························144

禁止奴隶贸易与扩大殖民地 ·· 144

向塞拉利昂移送黑人 ·· 146

新斯科舍的黑人与牙买加的马龙人 ······························ 148

非洲协会的成立与外交、军事压力 ······························ 151

七、奴隶贸易的终结 ··156

巴西的咖啡种植园 ··· 156

英国的奴隶贸易镇压政策 ··· 157

"阿米斯塔德号"事件 ··· 159

在美国的审判 ··· 162

第四章
从废除奴隶制至现代的漫漫征途

一、向废除奴隶制前行 ··168

反奴隶制协会的成立 ·· 168

圭亚那的奴隶"叛乱" ··· 171

转向即刻废除 ··· 174

奋力疾呼的女性们 ··· 176

反奴隶制协会机构委员会 ··· 178

牙买加的奴隶"叛乱" ··· 179

废除奴隶制 ·· 184

废除契约劳工制 ·· 186

南北美洲奴隶制的废除 ·· 189

二、从奴隶到移民——19世纪人口大流动...................198

从奴隶劳动到契约劳动 ····························· 198

来自印度和中国的契约劳工 ························· 200

移民巴西的契约劳工 ······························· 203

禁止奴隶贸易与瓜分非洲 ··························· 204

结　语

奴隶制度并未终结 ································· 207

泰国与巴西 ······································· 210

现代世界的奴隶船 ································· 212

后　记 ··· 215

第一章

近代世界与奴隶贸易

一、奴隶制度的世界史意义——艾里克·威廉斯之问

《资本主义与奴隶制》

在《鲁滨孙漂流记》中，鲁滨孙生活的时代便是所谓的重商主义时代。鲁滨孙不满足于自己中产阶级的地位，希望跻身更高的阶层而出海闯荡。可以说，他的行为体现出了该时代的精神。鲁滨孙虽说在深海孤岛生活了20余年，但后来又返回了英国，并且赚取了5000英镑以上的现金以及获得超过1000英镑的年收入，还结了婚，达成了最初的目标。他不断积累航海及经商经验，虽然一路历经了各种苦难，但在巴西扩大了自己的农场，成功种植烟草并收获了财富。

鲁滨孙的故事告诉我们，在那个时代，出海乃至到海外获取财富的例子比比皆是。其中，大西洋奴隶贸易是创造财富极为重要的贸易方式之一。18世纪的英国商人马拉奇·波斯特斯华特（Malachy Postlethwayt）曾表示：如启动所有装置的

核心发条一般。基于这一点，我们可以说：鲁滨孙自身虽然失败了，但他认识到了奴隶贸易的可能性。

奴隶贸易通常具有"三角贸易"的结构。奴隶船先在欧洲各港口装上用以交易的各种商品，再开往非洲（第一条边）。船主们在非洲的贸易据点出售商品用以购买奴隶，并将其关押到船舱内，然后沿着所谓的"中央航路"横渡大西洋，登上包括加勒比群岛在内的南北美洲各地（第二条边）。在这里，他们用奴隶交换砂糖、咖啡、棉花等殖民地的物产，最后返回欧洲的母国贩卖（第三条边）。

注意到三角贸易的重要性，一语道破那会带来巨额利润的正是艾里克·威廉斯。他在专著《资本主义与奴隶制》（1944年）中写道：三角贸易对英国的产业发展有一石三鸟之效，不仅可以为英国商品提供销售市场，还可以生产英国人所需要的物品，以及为工业革命所需资本积累提供主要资金来源。他强调，奴隶贸易和奴隶制度是资本主义发展的核心。

在此简单介绍一下威廉斯的经历。他1911年出生在加勒比群岛的特立尼达岛，父亲是一名邮局工作人员。威廉斯从小就展现出惊人的才华，从特立尼达岛的女王皇家学院毕业后，获得奖学金赴英国牛津大学留学，1938年获得牛津大学博士学位。从1939年开始，威廉斯十多年间一直在位于美国华盛顿的霍华德大学执教。他不仅是一位学者、教育者，同时也是一名政治家。为了使祖国特立尼达独立，摆脱英国殖民者，他创立了"人民民族运动党"（PNM）并出任首任领袖。1962

年特立尼达和多巴哥独立时，他成为首任总理。

威廉斯理论

《资本主义与奴隶制》中有威廉斯著名的历史洞见，他一针见血地指出："18 世纪的商业资本主义是以奴隶制度和垄断为主要手段积累起欧洲财富的。这虽然促进了 19 世纪工业资本主义的形成，但破坏商业资本主义、奴隶贸易及其商业模式的敌对力量也正是 19 世纪的工业资本主义。"从商业资本主义向工业资本主义的转变符合马克思主义发展阶段理论，而更重要的是，它明确体现出垄断和奴隶制度在资本积累过程中所作出的巨大贡献。所谓垄断，一言以蔽之，即母国独占其殖民地，并凭借奴隶制度从社会最底层支配该殖民地的经济。

从马克思主义的正统理解来看，一直以来，奴隶制度在古希腊罗马时代是一种支配式劳动形态，近代奴隶制度不过是其残留，资本主义与奴隶制度从根本上是水火不容的。然而，威廉斯却认为奴隶制度是近代资本主义发展的基石。

顺带一提，继威廉斯之后 20 余年，伊曼纽尔·沃勒斯坦（Immanuel Wallerstein）提出了"现代世界体系理论"。他认为，资本主义是以获取利润为动机而组织的生产、交换、消费体系，是最原始的"世界经济"。

该世界经济由中心、半边缘、边缘三级构造组成，位于中心、占支配地位的劳动管理模式为雇佣劳动（自由劳动），半边缘地区的管理模式为半强制劳动（以佃农劳动为代表），边缘地区管理模式为强制劳动（以奴隶劳动为代表）。三级组成一个整体，成为资本主义世界体系的运作机制。财富或经济剩余是从边缘向半边缘、进而向中心移动，因此该构造的中心是富裕的，越往边缘越贫穷。

综上所述，"现代世界体系理论"也赋予了奴隶制度极其重要的地位。在这一点上，威廉斯可谓"现代世界体系理论"的先驱。

威廉斯的《资本主义与奴隶制》初版发行时，虽说有两三篇书评介绍，但几乎没有引起公众的注意。不过，以美国的民权运动以及由 1960 年左右"黑人权力运动"爆发引起的非洲各国独立运动为契机，威廉斯提出的奴隶制度与奴隶贸易的重要性在历史研究者中开始受到关注，虽然并非完全被认可，但成为奴隶制度与奴隶贸易研究者入门必读的重要参考文献。

威廉斯的观点以"威廉斯理论"的形式固定下来。其主要内容可归纳为以下两点：

第一，以奴隶制度（以及奴隶贸易）为基础的资本积累，是工业资本主义（工业革命）得以产生的源泉。

第二，在工业资本主义发展的过程中，奴隶制度被废除。

首先，关于第一部分我们再详细探讨一下。威廉斯认为，18 世纪后半期，英国最大的奴隶贸易港——利物浦港所积累的资本都投向了位于海港东边曼彻斯特的棉纺织工业。通过奴隶贸易或三角贸易获取的巨额利润又投资在周边腹地的棉纺织工业，成为引发工业革命的导火索。

然而，此处产生了两点争论，一是奴隶贸易或三角贸易真的能够获取如此巨额的利润吗？二是获得的利润实际上全部投资在棉纺织工业了吗？

威廉斯认为，利物浦港三角贸易的利润率达到100%的情况并不稀奇。但英国的历史学家安斯蒂（R.Anstey）等人却持不同观点。他们认为三角贸易的利润最多不到10%，利润率100%只有在非常顺利的情况下才可能出现，而奴隶贸易原本就存在着各种各样的风险，根本无法达到威廉斯所认为的那种利润水平。这便是所谓的"奴隶贸易利润之争"。后来，伊尼科利（J. E. Inikori）等人又对低利润的观点提出疑问，至今仍无定论。

另一点，关于奴隶贸易所获取的利润是否全部投资在棉纺织工业领域的争论，无论是在《资本主义与奴隶制》中，还是在后来的相关研究中都没有实质性的证明。期待日后的研究可以有所突破。

其次，关于第二部分，是针对美国独立战争以后，奴隶制经济制度开始衰退产生的争论。也就是说，在18世纪后半期开始的工业革命过程中，以奴隶制度为基础的英属西印度群岛（牙买加及巴巴多斯等地）经济开始衰退，其在大英帝国经济体系内的重要性相对下降，印度地区取而代之，重要性开始逐渐攀升。

表 1　英属西印度群岛占英国贸易总额的比率（1713—1822 年）

（单位：%）

年份	进　口	出　口	进出口
1713—1717	17.9	5.0	10.7
1718—1722	16.7	3.9	9.9
1723—1727	18.3	4.4	10.9
1728—1732	20.4	3.9	11.7
1733—1737	18.6	3.0	10.1
1738—1742	19.9	4.1	11.6
1743—1747	19.4	4.3	10.3
1748—1752	20.9	5.3	11.5
1753—1757	23.5	7.1	14.0
1758—1762	23.7	8.2	14.3
1763—1767	24.0	8.4	15.3
1768—1772	27.2	9.7	17.7
1773—1777	28.7	11.6	19.7
1778—1782	29.3	13.4	21.0
1783—1787	26.8	11.3	19.1
1788—1792	24.3	12.0	17.8
1793—1797	24.3	13.2	18.0
1798–1802	27.6	14.3	20.2
1803—1807	30.5	13.1	20.8
1808—1812	30.3	14.0	20.9
1813—1817	27.6	11.9	17.6
1818—1822	25.8	9.7	15.9

资料出处：Mitchell/Deane, *Abstract of British Historical Statistics*, pp. 309-311.

注：1755 年以前的进口额、1759 年以前的出口额是英格兰与威尔士的数值，之后的数值包含苏格兰的。

　　对此，西摩·德里谢尔（S. Drescher）列举出具体经济指标，证明 1810 年以前西印度群岛在大英帝国国内的重要性并未下降。如表 1 所示，在英国的贸易总额中，英属西印度群岛的份额占有率于 1780 年左右达到峰值，虽然之后稍有下降，但到世纪转换期时又重回巅峰，直到 1820 年左右才开始明显下降。也就是说，德里谢尔认为，与其说英属西印度群岛的经济衰退导致奴隶贸易的废止，倒不如说是由于该时期废止了奴隶贸易，西印度群岛的经济才走向衰退的。也就是说，他主张截然相反的因果关系。

进入 19 世纪 20 年代以后，英属西印度群岛的经济逐渐衰退，印度取而代之，在大英帝国经济体系内的重要性迅速攀升。在这一点上，威廉斯的观点（姑且不论时期的划定）被认为是正确的。

三角贸易的影响

威廉斯还注意到三角贸易给英国经济带来了两点影响。一是为英国生产的商品提供了销售市场，二是促进了三角贸易相关产业的发展。

英国出口商品的种类以 18 世纪中叶为分界线，前后发生了很大变化。在那之前，比较重要的是谷物、鱼类、煤炭等初级产品及毛织品。而进入 18 世纪后半期以后，除煤炭外，其他初级产品逐渐消失。工业产品方面，随着毛织品持续稳步增产，其他新产品也紧追其后快速兴起，其中包括金属制品、麻织品以及工业革命中的主要产品——棉织品等。棉织品是从印度进口的新工业产品，与铁、金属制品一样，都是在非洲各贸易据点用以交换奴隶的必需品。

当初，棉线及棉织品由东印度公司从印度进口，再出口到非洲及其殖民地。作为毛织品和绢织品的替代品，棉织品在英国国内也非常受欢迎。印度产的棉织品被称为白棉布或薄纱。

然而，1700 年禁止进口印度白棉布法案和 1720 年禁止使用印度白棉布法案等限制措施出台以后，英国国内生产的白棉布替代品产业蓬勃发展。在这一"进口替代品工业化"的过程中，兴起了织布工程和纺织工程的技术革新。不过，这是一个漫长且充满艰辛的过程。直到 1780 年，英国才最终生产出品质上能与印度制品相媲美的棉织品，生产中心就是前文提到的曼彻斯特。

进入 19 世纪以后，英国专门将美国南部奴隶制种植园生产的棉花原料进口至利物浦，然后在曼彻斯特生产成棉织品再出口到世界各地，先后获得了欧洲大陆、美国、拉丁美洲、印度、中国等海外市场。17 世纪后期到 18 世纪从印度进口的棉织品，以 1820 年为分界线，转而变为从英国逆流向印度出口。从这一连串的流向来看，奴隶贸易或三角贸易给英国带来的影响可谓不啻一场革命。

另外是三角贸易相关产业的发展。殖民地物产中最为重要的是砂糖。英国限制其殖民地只能生产粗糖，粗糖运回英国后再精加工成精糖，借此确立了当时的分工制度。因而在伦敦、布里斯托等地，制糖业蓬勃发展。此外，建造奴隶船的造船业以及分散奴隶贸易风险的保险业也得以发展。

更为重要的是金融业的发展。如前文所述，18 世纪中叶以后，英国最大的奴隶贸易港利物浦，在三角贸易中也发生了变化。当时出现了从事奴隶贸易的专用船舶，奴隶船从利物浦出发前往非洲各地，获取奴隶后再运往新大陆各地进行贩卖。以往在此处会装满殖民地物产，再返回母国，而这段时期的奴隶贸易在完成第一、第二条边后就结束了，怀里揣着贩卖奴隶时获得的票据，只在船里装载上压舱物（用以稳定船中心的砂、石、水等）后直接返航。

英国当地，特别是在伦敦，还出现了专门接收票据的业者（佣金代理商）。另外，砂糖等殖民地物产会装入比奴隶船更大的商船运回母国，转变为所谓的"定期往返贸易"。票据接收业者不仅从事砂糖贸易，同时也负责部分奴隶贸易业务，关于这一点我们在第二章中再深入讨论。

二、奴隶贸易的历史起源

对伊斯兰世界的认知

欧洲世界（基督教世界）与伊斯兰世界的关系在古代通常被认为是敌对的。7世纪前半期，伊斯兰教诞生后迅速发展壮大，使得伊斯兰世界的影响范围相当广大，东至印度、西至非洲（北部）。8世纪初，伊斯兰教的势力进一步扩大到伊比利亚半岛，在即将跨越比利牛斯山时遇到阻碍。后来，基督教势力为了收复失地，在伊比利亚半岛发起了收复失地运动（再征服运动）。该运动一直持续到1492年南部的格拉纳达酋长国被基督徒占领后才结束。

另一方面，从11世纪末到13世纪末，基督教势力在东方共开展了7次"十字军"东征，但最终还是被驱逐出巴勒斯坦地区。在东西方之间，基督教势力与伊斯兰教势力的战争历史给人一种两者处于敌对关系的印象。

但是，从历史的角度看，两者之间并不只是敌对关系。在此，我们要特别注意的是"12 世纪文艺复兴论"。该观点由美国中世纪史学家查尔斯·霍默·哈斯金斯（Charles H. Haskins）提出 ①，日本的伊东俊太郎等人展开了更详细的分析。

文艺复兴一般是指 14 至 16 世纪以意大利为中心兴起的、呼吁世人复兴古典欧洲文化与哲学的思想文化运动。但是，哈斯金斯等人认为在此之前便存在文艺复兴的迹象。那么，12 世纪究竟发生了什么？一言以蔽之，即各种各样的文化、哲学、技术、产品等从伊斯兰世界传入欧洲。

如果要举一个例子，那便是 9 世纪学者阿尔·花剌子模（Al Khwarizmi）。在欧洲的众拉丁语学者中，花剌子模因"算法"而闻名。众所周知，如今电脑的编程等也是以"算法"为起源的。他发明了十进制计数法，并著有《代数》一书。他的学术理论体系在 12 世纪由阿拉伯语被翻译成拉丁语，在欧洲的知识分子之间广为流传。

这样的例子并非只有阿尔·花剌子模一个。天文学、地理学、炼金术、哲学等也都由阿拉伯语被翻译成拉丁语，12 世纪可谓大翻译时代。翻译活动的中心地区是西西里岛以及西班牙的托莱多。后者还曾因有过专门的翻译学校而闻名。欧洲

---

① 实际上，"12 世纪文艺复兴论"早在 19 世纪 40 年代便由法国学者提出，但这一概念是随着 1927 年查尔斯·霍默·哈斯金斯《12 世纪文艺复兴》的出版，才在英语学界获得一致认同，被视为哈斯金斯的开拓性贡献。——译者注

优秀的知识分子聚集在这些地方，努力从事翻译活动。不仅在学术领域，欧洲进入大航海时代所必需的帆船、罗盘、世界地图，以及各种香料、砂糖、咖啡等产品也都是从伊斯兰世界传入的。

此外，在当时欧洲人的地理认知中，整个世界由欧洲、亚洲、非洲组成，其中亚洲、非洲基本处在伊斯兰教的统治之下，只有欧洲是由基督教统治的。在基督教统治下的欧洲世界被伊斯兰世界包围着。不仅如此，伊斯兰世界拥有比欧洲更先进的学术、技术和产品。因而当时的欧洲人，尤其是知识分子在面对伊斯兰世界时，或许会抱有极大的自卑感吧。为了改变这一落后现状，欧洲人开启了大航海时代。

溯及中世纪的奴隶贸易

15 世纪中叶，欧洲世界与伊斯兰世界的对峙开启了大西洋奴隶贸易的序幕，在这里我们有必要讨论一下此前的奴隶贸易情况。中世纪后期（12—15 世纪），地中海世界已经存在奴隶制度，并进行着奴隶贸易。法国年鉴学派第二代历史学家费尔南·布罗代尔（Fernand Braudel）在专著《地中海》中指出："奴隶制度是地中海社会结构的特征之一。"其中，最具代表性的是意大利各城邦、意大利统治下的地中海岛屿以及与伊斯兰世界接壤的伊比利亚半岛上的奴隶制度。

中世纪后期，意大利的威尼斯商人和热那亚商人在地中海开发贸易据点，积极开展商业活动，其中也包括奴隶贸易。当时获取的奴隶大多是伊斯兰教徒（穆斯林）。截至 13 世纪第三个四半期（1251—1275 年），热那亚和威尼斯的奴隶人口中有 3/4 是穆斯林，其中大部分是在伊比利亚半岛的收复失地运动中抓到的俘虏。

然而，进入 13 世纪第四个四半期（1276—1300 年）以后，奴隶的调配区域发生了戏剧性的变化。13 世纪初，"十字军"占领君士坦丁堡后，意大利商人开始在黑海沿岸开设贸易据点，威尼斯的奴隶贸易日渐繁盛。因此，克里米亚半岛的卡法以及顿河口的塔纳也被设为据点开展奴隶贸易。据推算，13 世纪末，仅卡法每年就有 1000 人左右的奴隶交易，这些奴隶大部分是高加索的切尔克斯人。在黑海周边交易的奴隶大多会送到埃及的亚历山大港接受训练，以编入马穆鲁克奴隶军。据说，15 世纪 20 年代从卡法送到埃及的奴隶每年多达 2000 人。

部分来自黑海周边的奴隶会被送往意大利各城邦。14 世纪后半期，在佛罗伦萨交易的 357 名奴隶中占压倒性多数（77%）的是鞑靼人，此外还有希腊人、穆斯林、俄国人和土耳其人，其中女性占九成以上，意味着这些奴隶中的大部分人是从事繁杂家务劳动的家庭奴隶。

14 世纪中叶，由于席卷整个欧洲的黑死病（鼠疫）导致人口急剧减少，佛罗伦萨当局于 1363 年同意无限制地从外地引入非基督徒的奴隶。1414 年至 1423 年，据说在威尼斯市场交易的奴隶人数高达 1 万名以上。

另一方面，正如前文所述，在伊比利亚半岛的收复失地运动中，许多穆斯林沦为奴隶。例如，1212 年托洛萨会战时，数千名穆斯林俘虏被送到奴隶市场贩卖。13 世纪中叶，葡萄牙南部的阿尔加维地区再度被征服后，基督教世界与伊斯兰世界之间的边界消失了。葡萄牙人时不时地入侵卡斯蒂利亚（西班牙），攻击格林纳达来获取奴隶。此外，他们还会航行到北非，在那里捕获当地人带回去。

就这样，在 15 世纪中叶大西洋奴隶贸易开始以前，欧洲的地中海地区早已广泛存在穆斯林奴隶和从黑海周边带回的奴隶，奴隶贸易也从未间断。如同鲁滨孙所经历的那般，部分奴隶还可能被出口到伊斯兰世界。

大西洋奴隶贸易的"先驱"

葡萄牙王国是大西洋奴隶贸易的"先驱"，早在 15 世纪初就向东开辟了"东印度"的海路，其目的主要是寻找基督教的传教地，同时也想找到可以绕开伊斯兰世界和意大利商人，直接从东方获取香料、金银等商品之路。

要抵达"东印度"，就必须先南下非洲。1415 年，葡萄牙人占领了摩洛哥的休达，就此开启了南下非洲之路。直至 1488 年巴尔托洛梅乌·迪亚士（Bartolomeu Dias）到达好望角，前后共历经了 70 余年。

在此过程中，葡萄牙人于大西洋沿岸设置贸易据点，进行黄金、奴隶、象牙等贸易。1420年到达马德拉群岛，开展殖民活动。

葡萄牙进行奴隶贸易的最早记录是在1441年。据戈梅斯·埃亚内斯·德·祖拉拉（Gomes Eanes de Zurara）的《发现与征服几内亚编年史》（*THE CHRONICLE OF THE DISCOVERY AND CONQUEST OF GUINEA*）记载，安唐·贡萨尔维斯（Antão Gonçalves）[1]从毛里塔尼亚北部的里奥·德奥罗登陆，抓了12名柏柏尔人[2]后返回拉各斯。其中有3人是当地有头有脸的人物，他们表示，"如果让我们回家，我们每人可以交换五六名黑人奴隶"，因此又把他们三人送了回去。回到当地后，虽然有一人逃跑了，但余下的2人换回了10名黑人奴隶。据记载，1444年兰萨罗特[3]（Lancarote de Freitas）率六艘船抵达了更南端的阿尔金，获得了200多名奴隶。

15世纪40年代，葡萄牙获得了约1000名奴隶，但其中

---

[1] 15世纪葡萄牙探险家和奴隶商人。第一个从非洲奴隶商贩那里购买黑奴的欧洲人。——译者注

[2] 柏柏尔人是世居北非的民族，如今主要分布于非洲西北部，绝大多数人口是穆斯林。"柏柏尔"这个称呼并非柏柏尔人的自称，而是拉丁语中的barbari（野蛮人）的变音，不过有的柏柏尔人自称为"阿马齐尔格人"，意为"高贵的人"或"自由人"。——译者注

[3] 全名兰萨罗特·德·佛雷塔斯，探险家，野蛮劫掠非洲原住民做奴隶贩运回葡萄牙的始作俑者。他领导一个探险队，深入塞内加尔河，第一次野蛮绑架了240名近岸的非洲原住民，并把他们带回了葡萄牙。之后，其他探险队也跟风效仿。每年运回葡萄牙的奴隶可达数百人。——译者注

大部分并非黑人，而是阿基内吉族人。此外，由于获得奴隶的手段是武力抢掠，在此过程中葡萄牙一方也会出现伤亡，所以后来以"和平方式"代之，即用欧洲运来的商品交换非洲奴隶。

卡达莫斯托（Alvise Cadamosto）的《航海记录》对1455年左右塞内加尔王国的状况描述如下：塞内加尔的国王将与周边地区打仗时缴获的俘虏当作奴隶，奴役他们进行土地耕作，其中的部分奴隶还会被卖给阿拉伯商人或基督徒。这里的基督徒应该是指葡萄牙商人。

葡萄牙人继续南下非洲，1466年和1482年分别于佛得角群岛的圣地亚哥岛和黄金海岸的圣多美岛筑起城寨，后来后者成为黄金贸易的据点。实际上，当初葡萄牙人开展奴隶贸易的原因之一便是将其作为获取黄金的一种手段。也就是说，他们会把到手的奴隶带到黄金海岸（现加纳），用以交换黄金。这些奴隶会在内陆的金矿山上被奴役，从事开采劳动。

顾名思义，黄金海岸就是为了进行黄金贸易而设置的据点，在16世纪中叶以前，这里亦作为奴隶贸易的据点日渐重要。15世纪后半期，黄金海岸获取来的奴隶每年有数百人至2000人。16世纪前半期，从包括塞内加尔、冈比亚、塞拉利昂在内的上几内亚每年获取的奴隶最多时3000人有余，而从包括黄金海岸、奴隶海岸在内的下几内亚、刚果等地每年最多可获取2000名奴隶。

就这样，每年约有2000名奴隶被输送到里斯本，其中约半数会被转运到西班牙和意大利。16世纪中叶，里斯本的人口约为10万人，其中奴隶约1万人。整个葡萄牙存在的奴隶有3万名以上。

高高在上的王室、贵族、政府官员、圣职人员、商人等富裕阶级拥有奴隶不仅是为了获取劳动力，也是为了炫耀自身的财富与权力。这些奴隶基本是前文提到的家庭奴隶。此外，行会将奴隶编入学徒制[①]的最底层，奴役其从事水手、搬运工、小贩、妓女等工作，在农村地区也有从事耕作和放牧的奴隶。以此观之，葡萄牙王国便是奴隶制社会。

奴隶、黄金、象牙等非洲贸易走上正轨后，葡萄牙王室于1481年保留了对这些贸易的垄断权。当时从葡萄牙出口到非洲的商品有马匹、小麦、地毯、布匹、金属制品、串珠等。为了统一管理奴隶贸易，王室于1486年成立了里斯本奴隶管理局作为统管整个非洲贸易的几内亚贸易厅的下级组织，向奴隶商人发放贸易许可证，以确保王室的收入。此外，这个机构还负责接收、检查、核定被输送到里斯本的奴隶，组织开展奴隶拍卖，征收关税，等等。

---

① 行会是中世纪欧洲的一种组织形式，主要由各种手工业者组成，如裁缝、铁匠、木匠等。成立行会是为了保护手工业者的利益，同时也是为了控制行业中的质量和价格。在行会内部，学徒制是一种重要的传承制度，是一个年轻的学徒，在一位资深大师的指导下，学习手工业技术和知识的过程，为后来的职业培训体系奠定了基础。——译者注

三、公之于世的 400 年奴隶贸易实况
——历史学的新挑战

科廷的统计研究

就这样，葡萄牙拉开了大西洋奴隶贸易的序幕。不久之后，荷兰、法国、英国、丹麦等其他欧洲各国也参与进来。从 15 世纪后半期到 19 世纪中叶，奴隶贸易作为各国的重要事业一直持续着。在这里，我们先试着结合研究史，从宏观视角来一窥这跨越 400 年的奴隶贸易实况吧。

在大西洋奴隶贸易的相关研究中，具有里程碑意义的研究成果是美国历史学家菲利浦·D. 科廷（Philip D. Curtin）的《大西洋奴隶贸易：一份统计研究》（*The Atlantic Slave Trade：a census*）。他在这本研究著作中推算出了大西洋奴隶贸易的某些相关数据（如表 2 所示）。

表2　科廷关于大西洋奴隶贸易的推算值（1451—1870年）

（单位：千人）

地区或国家	1451—1600年	1601—1700年	1701—1810年	1811—1870年	合计
英属北美洲	—	—	348.0	51.0	399.0
西班牙美洲殖民地	75.0	292.5	578.6	606.0	1,552.1
英属西印度	—	263.7	1,401.3	—	1,665.0
法属西印度	—	155.8	1,348.4	96.0	1,600.2
荷属西印度	—	40.0	460.0	—	500.0
巴西	50.0	560.0	1,891.4	1,145.4	3,646.8
旧大陆	149.9	25.1	—	—	175.0
其他	—	4.0	24.0	—	28.0
合计	274.9	1,341.1	6,051.7	1,898.4	9,566.1

资料出处：Curtin, *The Atlantic Slave Trade*, p. 268.

　　科廷利用在非洲装上船的奴隶人数、在南北美洲（包括加勒比群岛在内）卸下船的奴隶人数以及砂糖生产量、从欧洲出口到非洲的商品数量等原始史料，在对先行研究进行批判性检讨的基础上，首次科学地推算出大西洋奴隶贸易的整体规模。不过，必须预先说明的是，这些数值仅为活着登陆的奴隶人数，在大西洋上——中央航路——的奴隶船中死亡的奴隶、在由非洲内陆运送到沿岸过程中死亡的奴隶并未包含在内。如后文所述，加上这些，奴隶的实际数量必然会更多。

　　科廷推算值的特征之一是，从15世纪后期到16世纪，旧大陆获取的奴隶要远高于新大陆。在这里，旧大陆主要是指欧洲及非洲沿岸的马德拉群岛、加那利群岛、圣多美岛等地。正如前文所提及的那样，里斯本及西班牙的塞维利亚等地有大量的黑人奴隶，马德拉群岛和加那利群岛的甘蔗种植园中也有黑人奴隶受到奴役。

特征之二是，运往英属北美地区（或独立后的美国）的奴隶人数比一般所认为的估算要少。南北战争（1861—1865年）前美国的奴隶人数接近 400 万人，而科廷的推算值显得过少，因此在这一点上备受批判。

但是，我们必须考虑到该地区黑人人口的自然增加现象，加之 18 世纪末，美国国内建立起利滚利的奴隶"繁育"事业。也就是说，让黑人奴隶们彼此婚配，再将他们生出的孩子变成新的奴隶。大量这样的奴隶被卖到南方的棉花种植园。

此外，从时间上看，18 世纪至 19 世纪初的奴隶贸易占整体奴隶贸易的六成，由此可以看出该时期是奴隶贸易的全盛期。18 世纪，欧洲奴隶贸易竞争激烈，种植园经济蓬勃发展，对奴隶的需求达到了历史峰值。从地区上看，加勒比群岛及巴西地区的奴隶贸易占整体奴隶贸易的八成。在加勒比群岛上，欧洲列强建立了各种各样的殖民地，16 世纪中叶至 19 世纪末，各类种植园的盛衰故事在巴西轮番上演。

科廷认为，研究者们可以将这本研究专著当作了解大西洋奴隶贸易全貌的出发点，如果有新的研究成果出现，再做修正即可。不过，即使有新的修正值被提出，奴隶进口的总数也不会低于 800 万人，或是高于 1050 万人。

新数据库的登场

继科廷之后，又有各种修正数值被提出，此处仅举两人予以介绍。一位是前文提到的出身于尼日利亚的约瑟夫·伊尼科利（Joseph E. Inikori），他推算出大西洋奴隶贸易的奴隶输入总数为 1339 万人（1976 年），另一位是洛夫乔伊（P. E. Lovejoy），他推算出的奴隶输入总数为 978 万人（1982 年）。与科廷的推算值相比，前者多出 40%，后者多出 2%。

后来也有许多研究者不断努力，期望得出关于大西洋奴隶贸易更加精确的推算值，其中倾注最多精力的是对奴隶船航海数据的调查和收集。

为了将航海数据整合成一个统一的数据档案，20 世纪 90 年代启动的正式研究乘着互联网普及的大潮将各国的奴隶贸易研究者聚集到一起，在 21 世纪的最初十年里就取得了巨大的成果。400 年间奴隶贸易的航海数据达 35000 件以上，全部在名为"奴隶航海"网站上免费向公众开放。

负责该工作的核心人物是英国历史学家大卫·埃尔蒂斯（David Eltis）和大卫·理查森（David Richardson）。他们将这些航海数据当作原始史料，提出多种假说，推算出大西洋奴隶贸易的全貌，其结果如表 3 所示。从表中可以看出，活着登陆的奴隶输入总数有 1070 万人左右，比科廷的推算值多出 12%，虽然比推算值上限稍微高出一点，但基本上算是持平。

表3　大卫·埃尔蒂斯和大卫·理查森关于奴隶贸易的推算值
（1501—1870年）

（单位：千人）

地区或国家	1501—1600年	1601—1700年	1701—1810年	1811—1870年	合计
英属北美洲	—	15.0	367.1	4.8	386.9
西班牙美洲殖民地	50.1	198.9	215.6	675.6	1,140.2
英属西印度	—	306.3	1,931.2	8.6	2,246.1
法属西印度	—	29.4	1,002.6	61.9	1,093.9
荷属西印度	—	124.2	316.2	4.3	444.7
巴西	29.0	782.2	2,302.1	1,697.0	4,810.3
旧大陆	0.6	5.9	13.8	143.9	164.2
其他	119.5	60.7	188.6	47.2	416.0
合计	199.2	1,522.6	6,337.2	2,643.3	10,702.3

资料出处：David Eltis/David Richardson, eds., *Extending the Frontiers*, pp. 48—51.

可以看出，该表与表2中列举的科廷推算值的特征十分相似。但是从地区上来看，西班牙美洲殖民地的奴隶输入人数少了27%，法属西印度地区少了32%，荷属西印度地区少了11%。相反，英属西印度地区的人数多出35%，巴西地区的人数多出32%。此外，从时间上来看，17世纪的奴隶人数多出16%，1701年至1810年间多出5%，1811年至1870年间多出39%，尤其是19世纪，人数多得比较明显。

接下来，简单介绍一下新数据库的创建过程，并讨论其历史意义。

自 20 世纪 60 年代末起，除科廷外，赫伯特·S.克莱因（Herbert·S. Klein）等人也着手收集与大西洋奴隶贸易相关的航海数据，到 20 世纪 80 年代末为止共收集到航海数据大约 11000 件。不过，其中多少也含有一些大西洋以外的数据以及与奴隶贸易无关或者重复的航海数据。特别值得一提的是，这些收集数据的研究者也是使用电脑的第一代人。

将大西洋奴隶贸易的航海数据整合成统一数据库的计划，是前文提到的历史学家大卫·埃尔蒂斯与大西洋史研究者史蒂芬·贝伦特（Stephen Behrend）1990 年在伦敦的档案馆相遇后萌生的。在 1991 年美国历史学会和 1992 年"研究非洲裔美国人的杜波研究所"（哈佛大学）集会上，该计划获得了来自多个财团的资金支持。

更加值得注意的是，其他研究者得知该计划后，纷纷将自己未公开的数据主动拿出来共享，最终形成了一个跨越国境的奴隶贸易研究者网络。

该计划开始实施后，三年内便取得了三项主要成果。第一项是将既有数据进行标准化处理，对各项数据条目进行定义、整理，成功整合成统一的格式。第二项是对航海数据进行校对订正。第三项是添加新数据。

如此一来，众多研究者的创意与努力终于结出了果实。1999 年，大西洋奴隶贸易数据库的 CD-ROM 版公开发行，里面收录了 27233 件航海数据，其中约半数为新数据。该数据库是大西洋奴隶贸易研究史上第一份电子资料，以下简称

为 TSTD1（Transatlantic Slave Trade Database 的首字母缩写，
"1"指第一份）。

升级为 TSTD2

然而，这份划时代的 TSTD1 仍然存在一些不足之处，最
大的缺陷是缺少葡萄牙船舶和巴西船舶的航海数据，此外，西
班牙船舶的航海数据也有不少欠缺。其他欠缺的航海数据有伦
敦 1662 年以前及 1711 年至 1779 年的奴隶贸易、荷兰从 1630
年占领巴西东北部的伯南布哥至 1674 年第二次西印度公司成
立为止的奴隶贸易、法国早期的奴隶贸易等。

因此，从 2001 年至 2005 年间，一群研究者在搜索卢旺
达、里约热内卢、巴伊亚州（巴西）、里斯本、哈瓦那、马
德里、塞维利亚、阿姆斯特丹、根特（比利时）、哥本哈根、
伦敦、米德尔堡（荷兰）的公文档案时，发现了 8232 件新的
航海数据。与此同时，通过新发现的数据，包含 TSTD1 在
内的 19729 件航海数据得以修正。修正后的新数据库简称为
TSTD2。

为了建设 TSTD1、TSTD2，历史学家们是如何挖掘原始
史料的呢？基本上是来自各国的公文或档案馆，例如，英国
议会文件集（British Parliamentary Papers）、英国国家档案馆
（British National Archives）。除此之外，还有塞维利亚的西
印度群岛综合档案馆（Archivo General de Indias）、巴西巴伊

亚州的萨尔瓦多市历史档案馆（Arquivo Histórico Municipal de Salvador）、安哥拉国家历史档案馆（Arquivo Histórico Nacional de Angola）等。此外，还采用了英国劳埃德船级社的船舶年鉴（*Lloyd's Register of Shipping*）等。如前所述，保险业的发展与奴隶贸易也有着密切的关系。

值得注意的是，葡萄牙及巴西奴隶贸易的 TSTDZ 相关航海信息收集工作也有了惊人的进展。早在 1888 年巴西废除奴隶制时，与过去奴隶贸易相关的文书几乎都被烧毁，使用原始史料进行研究简直是天方夜谭。因此，补充葡萄牙、巴西等的相关数据在奴隶贸易研究历史上具有重大意义。TSTD1 收录两国奴隶贸易相关航海数据 6183 件，在 TSTD2 中增至 11382件。1999 年以后追加的奴隶贸易航海数据约 60% 是葡萄牙和巴西的相关史料。

在 TSTD1 和 TSTD2 中所收录的各件航海数据均设有 226项参数或条目，主要条目有船舶名称、船舶吨位、炮数、船主、船舶国籍、船长姓名、船员人数、出发地、出航日期、在非洲的停泊地点及日期、装载的奴隶人数、奴隶的男女比例、奴隶船的卸载港口及日期、卸载的奴隶人数、奴隶的死亡率、返航港口及日期等，而且，这些信息的出处也很明确。当然，没有任何一件航海数据能完整囊括所有条目。有些航海数据包括许多条目，但也有些数据几乎没有任何信息，例如某件航海数据除了日期和地点外什么记录也没有。

我们从 TSTD2 的 226 项参数或条目中选取最重要的 18 项，

将其中有记录的件数进行整理，如表 4 所示。出发地和奴隶购
买地等地理方面的记录是特别容易获取的数据。此外，船主的
信息、船上的死亡率、奴隶的性别构成等数据也获取不少。

表 4 TSTD2 收录关于奴隶贸易的 18 项数据

奴隶贸易航海件数	**34,808**
可确定船舶名称的航海件数	33,207
可确定船长姓名的航海件数	30,755
可确定 1 名以上船主姓名的航海件数	20,978
奴隶船装载的非洲人数	10,125,456,
从奴隶船卸载的非洲人数	8,733,592
可确定船员人数的航海件数	13,253
显示船舶吨位的航海件数	17,592
显示船舶出发地的航海件数	28,505
显示出航日期的航海件数	25,265
显示非洲沿岸装载地点的航海件数	26,939
显示装载非洲人数的航海件数	8,547
显示卸载港口的航海件数	28,958
显示抵达卸载港口、日期的航海件数	23,478
显示卸载非洲人数的航海件数	18,473
显示航海途中非洲人死亡人数的航海件数	6,382
显示卸载的非洲人年龄、性别的航海件数	3,570
显示航海结果的航海件数	31,077
显示奴隶"叛乱"的航海件数	530

资料出处：Eltis/Richardson, eds., *Extending the Frontiers*, p. 9

我们以表 5 记录的具体数据为例，对航海进行一下说明。
首先，这艘船舶的航海识别号是 76720，船舶名称为"劳伦斯
号"（Laurence），国籍为英国，吨位是 300 吨，炮数 14 门，

船主是英国南海公司（South Sea Company），出发地是伦敦，在非洲购买奴隶的地点是卢安果，奴隶卸载地是布宜诺斯艾利斯，出航日期是 1730 年 4 月 21 日，截至返航，共用时一年半左右，船长是亚伯拉罕·敦玛斯克（Abraham Dumaresq），船员人数共 50 人，装载奴隶人数为 453 人，卸载奴隶人数为 394 人，男性奴隶占比 65.6%，中央航路途中死亡奴隶人数为 59 人，死亡率为 13%。

表 5　TSTD2 中奴隶船"劳伦斯号"的记录

航海识别号	76720
国籍	英国
建造地	英国
登记地	伦敦
吨位	300
炮数	14
船主	英国南海公司
航海结果	按计划完成航海
出发地	伦敦
奴隶装载地	卢安果
奴隶卸载地	布宜诺斯艾利斯
航海开始日期	1730 年 4 月 21 日
抵达卢安果的日期	1730 年 8 月 14 日
从卢安果出发的日期	1730 年 11 月 16 日
抵达布宜诺斯艾利斯的日期	1731 年 1 月 20 日
从布宜诺斯艾利斯出发的日期	1731 年 7 月 2 日
返航到达日期	1731 年 10 月 19 日
船长姓名	亚伯拉罕·敦玛斯克
最初船员人数	50
计划购买奴隶人数	500
装载奴隶人数	453
卸载奴隶人数	394
奴隶的男性比例	65.6%
中央航路途中奴隶的死亡率	13%

南海公司是 1711 年在英国成立的半官方性质的股份公司，依据 1713 年的《乌特勒支和约》（Treaty of Utrecht）行使"奴隶贸易专营权"，每年可往西班牙美洲殖民地运送 4800 名奴隶，后文中还会有详细介绍。普通奴隶船的吨位一般是 100—200 吨，相比较而言，上述船舶的尺寸稍大一些。

从最初计划的航程来看，这艘船舶基本是按照计划航行的。在非洲停留的时间约为三个月，表明在卢安果周边获取奴隶进行得还算顺利。但在布宜诺斯艾利斯的停留时间约为半年，如果只是贩卖奴隶的话，花费的时间过于久了，或许有除奴隶贸易外的其他任务。

来自新数据库的发现

TSTD2 中收录的奴隶贸易航海数据虽然向我们提供了惊人的信息，但并非囊括了大西洋奴隶贸易的所有航海数据。为了能够在此数据库的基础上更接近大西洋奴隶贸易的全貌，埃尔蒂斯和理查森等人提出几种假说，并展开了推理。在此仅介绍其中部分内容。

例如，该数据库中约有 3600 件航海数据（约占全部航海数据的 10%）仅显示奴隶船开往非洲，除此之外没有任何其他信息。在这种情况下，先假设所有奴隶船会往新大陆的某个地方运送并卸载奴隶。当然，明显有悖的信息要剔除在外。比如，在大西洋上被其他船只缴获的记录。然后假设这艘奴隶船实际抵达了目的地港口。此时，如果奴隶船中装载的奴隶人数不明，可以参照平均死亡率从卸载的奴隶人数中推算出来。相反，如果不清楚卸载的奴隶人数，可以用装载的奴隶人数推算。如果完全没有奴隶人数的任何信息，可以用船舶的大小、装备、航海路线及时期等进行推算。

就这样，以奴隶贸易的航海数据为基础，借助上述方法，终于在科廷对大西洋奴隶贸易科学推算的大约 40 年后，又出现了更加接近历史事实的推算，如表 3 所示。

另一点需要单独列出的是从非洲各地区装载的奴隶人数（推算值）。下页的表 6 将主要装载奴隶的地区分为 8 个，然后按时间顺序分别列出装载的奴隶人数，并将其图式化。最大的奴隶装载地区是从现在的刚果到安哥拉的非洲中西部地区，占总奴隶人数的近一半。其次是西非的贝宁湾，即所谓的奴隶海岸。接着是比夫拉湾①地区。从时间上看，18 世纪装载的奴隶人数占总奴隶人数的一半以上，19 世纪次之。从表 3 和表 6 来看，中央航路上的奴隶死亡率为 14.5%。

或许日后多少还会有所修订，但目前的推算已经趋于完整，基本接近事实了。科廷的推算与基于新数据库的推算不同的是，前者是由科廷独立完成的，后者虽然有核心研究者，但

① 今邦尼湾。1967 年 5 月 30 日，尼日利亚东南部地区脱离尼日利亚，以毗邻的比夫拉湾之名，成立比夫拉共和国，又称比亚法拉共和国。这一新国家在历史上未被普遍承认，在随后的尼日利亚内战中失败，1970 年 1 月 15 日灭亡。其政权的军事首领于 1970 年 1 月 12 日正式宣布有条件投降。1975 年，尼日利亚政府颁布法令，将比夫拉湾的名称改为邦尼湾。——译者注

却是由支持该计划的研究团队共同完成的。

　　此外，即使该研究团队成员身处不同的地方，也可以通过网络聚集在一起并共享研究成果。互联网世代[①]共同研究的新方式展现出了更多的可能性。数据库得以在网络上免费公开，关注奴隶贸易的人可以在任何地方便捷地登录查阅。当然，提供资金支持的赞助商也至关重要。

表6　非洲各地区的奴隶出口数

（单位：人）

	塞内冈比亚	塞拉利昂	科持迪瓦	黄金海岸	贝宁湾	比夫拉湾	非洲中西部	非洲东南部	合计
1501—1600	147280	1405	2482	—	—	8458	117878	—	277503
1601—1700	136104	6843	1350	108679	269812	186322	1134807	31715	1875632
1701—1800	363186	201958	289583	1014528	1284586	904615	2365203	70931	6494590
1801—1867	108942	178538	43453	86113	444662	495165	2076685	440022	3873580
合计	755512	388744	336868	1209320	1999060	1594560	5694573	542668	12521305

资料出处：Eltis/Richardson, eds., *Extending the Frontiers*, pp. 46-47.
备注：部分谬误数据已修正。

　　通过新的推算，既有的通用说法得到了修正。例如，此前英国被认为是开展奴隶贸易航海最频繁的国家，但实际上从非洲运送奴隶最多的却是葡萄牙和巴西的船舶。利物浦港是欧洲最大的奴隶贸易港，但与巴西的里约热内卢港和萨尔瓦多港

---

① 互联网世代，指1970年后出生，从小摸着鼠标长大的一代，又称"N世代""网络世代"。——译者注

相比却望尘莫及（如表 7 所示）。

表7　20 个主要奴隶贸易港口出航船舶运送的非洲奴隶人数
（1501—1867 年）

（单位：千人）

港口名称	奴隶人数
里约热内卢（巴西）	1507
萨尔瓦多（巴西）	1362
利物浦（英国）	1338
伦敦（英国）	829
布里斯托（英国）	565
南特（法国）	542
累西腓（巴西）	437
里斯本（葡萄牙）	333
哈瓦那（古巴）	250
拉罗谢尔（法国）	166
特塞尔（荷兰）	165
勒阿弗尔（法国）	142
波尔多（法国）	134
弗利辛恩（荷兰）	123
罗德岛 *（美国）	111
米德尔堡（荷兰）	94
塞维利亚 **（西班牙）	74
圣马洛（法国）	73
布里奇顿（巴巴多斯）	58
加的斯（西班牙）	53
合计	8,356

资料出处：エルティス/リチャードソン『環大西洋奴隷貿易歴史地図』39 頁。
备注：* 为纽波特、普罗维登斯、布里斯托、沃伦的总称。
　　　** 包含桑卢卡尔－德巴拉梅达。

此外，在英国的奴隶贸易港中，伦敦港运送的奴隶人数
虽不及利物浦港，但远比布里斯托港多。法国最大的奴隶贸易
港南特港是继布里斯托港之后的世界第六大奴隶贸易港。期待

今后可以使用该数据库开展更多的奴隶贸易相关研究。

　　最后，希望大家留意的是各类与航海相关的人，我们会在第二章展开详细论述。这些人不仅包括许多从非洲内陆被带至海岸边，再被装载到奴隶船上的奴隶，还有奴隶船的组织者、投资者，以及船长、船员、医生、厨师等实际操纵奴隶船的人。夸张一点说，他们都将自己的人生赌在了航海上。

四、奴隶贸易专营权的意义

西班牙美洲殖民地的形成

1492 年 8 月 3 日，哥伦布率领 3 艘船从西班牙西南部的帕罗斯港出发，途经加那利群岛，于 10 月 12 日抵达巴哈马群岛的圣萨尔瓦多岛，接着又深入古巴和伊斯帕尼奥拉岛（今海地共和国和多米尼加共和国）等地探险，最后于 1493 年 3 月返航。

哥伦布一行在加勒比群岛遇到了当地的原住民（印第安人），他是这样描述自己对原住民的印象的："每个人都有姣好的容貌、健美的身材、端正的五官""印第安人很慷慨，毫不吝啬"。不过，他也记述了"他们应该很容易成为基督徒吧""他们应该会是很好的佣人吧"之类的内容（《哥伦布航海日记》）。此外，探险队还在伊斯帕尼奥拉岛发现了黄金。

这个令人振奋的消息很快便传到了西班牙王室的耳朵里。

于是，哥伦布于 1493 年 9 月第二次出航。他率领着 17 艘船及
成百上千名西班牙人驶向伊斯帕尼奥拉岛，目的是向那里的原
住民宣传基督教和寻找黄金。

但是，船员们大都只对黄金眼红，他们逼迫原住民为自
己带路寻找金矿。早在 1494 年年末爆发的第一次原住民"叛
乱"便足以为证，当时有 10 名西班牙人被杀。随后，西班牙
人做出回应，杀死了许多原住民，并俘虏了幸存者。翌年，约
550 名俘虏作为奴隶被运送到西班牙。由此，强制劳动—"叛
乱"—镇压和奴隶化—强制劳动，残酷的循环开始了，这便是
西班牙开启新大陆殖民地化的第一步。

随着与旧大陆的接触，新大陆原住民的人口开始减少。
设有殖民地据点的伊斯帕尼奥拉岛在哥伦布抵达的时候有 20
万—30 万人，1506 年锐减至 6 万人，1514 年时仅余 1 万多
人。古巴的情况也如出一辙，最初有 6 万人，到了 1544 年仅
剩 1000 人。其他各岛的情况亦是如此。而且，这不过是整个
新大陆原住民人口大规模减少的前奏。

人口减少的直接原因是来自欧洲的传染病。天花、麻疹、
流感、鼠疫、伤寒等各种传染病蜂涌而至，原住民对之没有丝
毫免疫力。但是，原住民人口急剧减少并不单纯是病理原因，
还有其特殊背景，即西班牙人奴役原住民，毁坏其传统的社会
结构和风俗文化，给他们的肉体和精神都带来了巨大伤害。

西班牙人从加勒比群岛起航，进一步朝大陆进发。1519

年，哥伦布之后一代的埃尔南·科尔特斯（Hernán Cortés）①入侵阿兹特克帝国②，两年后又占领了该帝国位于特诺奇蒂特兰的王宫。就这样，拉开了创设广阔新西班牙总督辖区（Virreinato de Nueva España）的序幕。

此外，西班牙人听闻了"黄金故乡"的传说，便三番五次地到现在的中美洲和南美洲地区探险，最终抵达了印加帝国。1532年 11 月，弗朗西斯科·皮萨罗（Francisco Pizarro）在卡哈马卡俘虏了印加皇帝阿塔瓦尔帕（克丘亚语：Atawallpa），强行索要赎金。更甚的是，他们于翌年 7 月处死了皇帝（阿塔瓦尔帕），并于 11 月占据帝都库斯科，拉开了奴役印加帝国、创设秘鲁总督辖区的序幕。

如此一来，至 16 世纪中叶，西班牙已经建立了广阔的殖民地，包括现在的加利福尼亚、佛罗里达、墨西哥、美洲中部、哥伦比亚、委内瑞拉、秘鲁、玻利维亚、智利、阿根廷等地区。西班牙美洲殖民地的财富之源主要是银矿，新西班牙总督辖区的瓜纳华托、萨卡特卡斯，秘鲁总督辖区的波托西都曾有丰富的银矿资源，从这里开采出的银矿被运往欧洲，引发了所谓的"价格革命"③，进而从欧洲运往亚洲，用以交换亚洲

① 埃尔南·科尔特斯出身于西班牙贵族，是大航海时代西班牙航海家、军事家、探险家，阿兹特克帝国的征服者。
② 存在于在 14—16 世纪的墨西哥国家，是前哥伦布时期中美洲最强大的国家。其传承的阿兹特克文明与印加文明、玛雅文明并称为美洲三大古文明。
③ 又称"物价革命"。指 15 世纪地理大发现后，西班牙人入侵美洲，破坏了美洲印第安人的印加文明和阿兹特克文明，并且掠夺大量贵重金属（主要是黄金白银）输入欧洲，但是各项物资并未增加，加上人口增加，以致农产品产量不足，物价急剧上涨，尤其是粮食价格。

种类繁多的商品。银矿引起的世界经济大循环，起因就在于西班牙对新大陆的统治。

奴隶贸易专营权

银矿的开采现场海拔较高，因此，该地劳动力主要依靠原住民。但是，在 16 世纪，新大陆的原住民人口与加勒比群岛一样，都在急剧减少。新西班牙总督辖区在阿兹特克帝国时期大约有原住民 2500 万人，至 17 世纪初锐减至 100 万人。秘鲁总督辖区同样如此，在印加帝国时代原住民约有 1000 万人，到 1590 年减至 130 万人。

据推算，包含加勒比群岛在内的南北美洲原住民在哥伦布到达之前约有 5500 万人，到 17 世纪初减少至 1000 万人。人口剧减的直接原因虽然是前文提到的传染病，但其背后西班牙和葡萄牙对殖民地的奴役也是毋庸置疑的。

对强化殖民地统治的西班牙而言，"填补"原住民人口减少致劳动力空缺至关重要。于是，他们从非洲各地运来了黑人奴隶。

不过，西班牙实际上几乎没有直接参与策划奴隶贸易（除 19 世纪向古巴的甘蔗种植园贩运黑人奴隶外）。换言之，在 16—18 世纪的漫长时期内，都是由西班牙以外的商人直接向西班牙美洲殖民地运送奴隶。

仅从一个国家的角度来看大西洋奴隶贸易的历史，很难窥其全貌。关于此点，我们可以通过上一节提到的宏观动向以及具有划时代意义的 TSTD 来进一步理解。欧洲各国一方面相互竞争，另一方面也会跨国合作推进奴隶贸易。

这里应该注意的是，西班牙为了推进奴隶贸易，利用了"奴隶贸易专营权"这项传统制度。接下来，我们将围绕奴隶贸易专营权进行详细说明。

"专营权"原本是西班牙王室为了开展和管理公共事业而与民间人士签订的承包合同。但在 16 世纪以后，为了解决伴随着对新大陆的征服和殖民地的开发而出现的劳动力不足的问题，它成为为输入黑人奴隶所签订的承包合同，被赋予了一种特殊的意义。

奴隶贸易专营权最初的许可证是西班牙王室于 1513 年颁发的。当时规定，承包人每交易 1 名奴隶就要向西班牙王室缴纳 2 达克特[①]（Ducat，达克特又称杜卡特，原本是威尼斯的金币）的税金。对当时的葡萄牙商人而言，将运往塞维利亚的奴隶转送到加勒比群岛是有人数限制的。1518 年，西班牙国王卡洛斯（Carlos）一世为了赏赐其宠臣劳伦特·德·戈雷沃德（Laurent de Gouvenot），赐给了他垄断许可证。该许可证的内容是，可以在 5 年时间内往加勒比群岛运送黑人奴隶 4000人。后来劳伦特又将许可证以 25000 达克特卖给了住在塞维利亚的热那亚人。

---

① 因其首次由 12 世纪意大利普利亚公爵（Apulia）铸造而得名，后用作金币单位。

1528 年，与富格尔（Fugger）家族齐名的德国大富豪韦尔瑟（Welser）家族代理人获得了许可证，可以在 4 年内运送 4000 名奴隶。韦尔瑟家族向西班牙王室支付了 2 万达克特。该许可证规定的奴隶贩卖地点除了古巴、伊斯帕尼奥拉岛、牙买加等加勒比群岛外，还增加了包含犹加敦半岛在内的墨西哥地区。1532 年，奴隶贸易专营权许可证的发行权从王室转移到了统一管理新大陆贸易的西印度贸易厅[①]。

如此，直至 16 世纪末，由王室和西印度贸易厅发行的许可证数量不计其数，缔结契约者形形色色，比如与王室有特别协约的商人、企业家、王室亲信、西印度贸易厅的相关人员、在征服或殖民活动中做出贡献者，等等。但是获得许可证的人未必从事奴隶供应，直接供应奴隶的是葡萄牙商人。这里顺便提一下，基于 TSTD2 中的数据推算，1601 年至 1700 年运送到西班牙美洲殖民地的黑人奴隶约有 20 万人。

1580 年，葡萄牙阿维斯王朝覆灭，西班牙国王菲利普二世兼任葡萄牙国王，即所谓的"共主邦联"。如此一来，奴隶贸易专营权许可证获得者与实际的奴隶供应者之间的分离状态有了消除的可能。但是邦联也只是形式上的，西班牙与葡萄牙之间的对立，尤其是贸易上利害关系的对立，并非一朝一夕就可以解决的。

---

① 正式名称为西印度皇家审问院，又称印度群岛贸易厅、西印度交易所，通称交易所、贸易厅或通商院，是西班牙卡斯蒂利亚联合王国于 1503 年在塞维利亚设立的王室代理机构，主管西班牙帝国的海外贸易和殖民地事务。贸易厅因西班牙最早的美洲殖民地位于西印度群岛（时称印度群岛）而得名。

1595 年，奴隶贸易专营权许可证被交付给葡萄牙人佩德罗·戈麦斯·雷内（Pedro Gomez Reynel）。（许可证）规定其每年可供应 4250 名黑人奴隶，有效期为 9 年，殖民地准入港口仅限于卡特赫纳（今属哥伦比亚）。卡特赫纳港作为 17 世纪西班牙所有美洲殖民地的奴隶接收港，其重要地位一直延续到后来。依照契约，雷内每年需支付 10 万达克特的费用。

1600 年，雷内的奴隶贸易专营权被撤除，取而代之的是葡萄牙驻安哥拉的总督库蒂尼奥（J. R. Coutinho）。接下来，葡萄牙商人埃尔瓦什（A. F. Elvas）和拉梅古（M. R. Lamego）分别于 1615 年和 1623 年获得了奴隶贸易专营权。拉梅古签订的契约内容是，有效期 8 年，每年可供应 3500 名奴隶，契约费用是每年 12 万达克特。拉梅古被誉为在财政上取得成功的第一人。1631 年之后的 8 年间，两名葡萄牙人共同享有奴隶贸易专营权。1640 年，以葡萄牙从西班牙的统治中独立为契机，这一连串由葡萄牙人专营的奴隶贸易就此画上了句号。

就这样，在 17 世纪前 40 年间，葡萄牙人垄断了奴隶贸易专营权，名正言顺地将奴隶贩运到西班牙美洲殖民地。1615 年，因墨西哥及其周边地区奴隶需求量增大，入港地点除上述卡特赫纳港外又追加了韦拉克鲁斯（今属墨西哥）。此外，奴隶从卡特赫纳港运送出去，除了经由陆路被运送至太平洋沿岸外，也会经由海路被送至秘鲁总督辖区的利马，承担这一业务的是西班牙人与克里奥尔人（当地出生的人）组成的奴隶商人集团。

继葡萄牙商人之后

1640 年至 1662 年是奴隶贸易专营权的空档期。在 17 世纪中叶以前，荷兰及姗姗来迟的英国、法国开始频繁出入非洲沿岸及加勒比群岛，或开设奴隶贸易据点，或为开设据点而着手准备。

荷兰在 17 世纪 90 年代末夺取了奴隶贸易集散地圣多美岛。1634 年，在加勒比群岛地区从西班牙手中夺取了位于委内瑞拉北部的库拉索岛。1630 年，在新大陆占领了巴西东北部的伯南布哥，并占据了那里繁荣兴旺的甘蔗种植园。

英国在非洲的冈比亚建立据点，将加勒比群岛的巴巴多斯、安提瓜、牙买加等地殖民地化。法国则在非洲的塞内加尔、奴隶海岸（达荷美王国）等地建立据点，将加勒比群岛的马提尼克、瓜德罗普、伊斯帕尼奥拉岛西部的圣多明各（今属海地共和国）等地殖民地化。因为英国和法国在加勒比群岛的殖民地均是从西班牙手中夺取的，因此后来那些地区仍作为砂糖殖民地继续繁荣发展。

让我们回到"奴隶贸易专营权"的话题。1662 年，热那亚商人多明戈·格里洛（Domingo Grillo）及洛梅里尼（Lomellini）家族的三兄弟取得了奴隶贸易专营权，以"格里洛契约"而闻名的奴隶贸易专营权规定，每年可运送 3500 个单位的奴隶，有效期为 7 年，契约费用为每年 30 万比索。这里的"单位"是以奴隶作为劳动力的能力为标准进行计算的，如一名健康的成年男性是一个单位，5—10 岁的儿童为 1/2 个单位，10—15 岁的儿童为 2/3 个单位。因此，奴隶的人数必然会比单位数多。若以接下来要介绍的英国南海公司为标准，大约一个单位等于 3/4 人。该契约的另一个不同之处是，使用的货币单位为西班牙比索（银币）。

对于热那亚商人来说，虽然取得了奴隶贸易专营权，但由于过去西班牙美洲殖民地的种植园主们都是以秘密贸易的方式从荷兰商人手中获取奴隶，想要再去分一杯羹非常困难，加之他们的奴隶供给主要依赖荷兰殖民地库拉索岛，该岛是荷兰在加勒比群岛进行秘密贸易的据点。因而，热那亚商人向荷兰的秘密贸易从业者妥协，于 1668 年更新了契约。

1674 年，两名卡斯蒂利亚商人加西亚（A. Garcia）与西里塞欧（S. Siliceo）取得了奴隶贸易专营权，两人虽然以阿姆斯特丹银行为后盾，并接受了荷属西印度公司股东巴尔塔萨·科曼斯（Balthasar Coymans）的资金支持，却在 1676 年因破产抵押不得已失去了奴隶贸易专营权。紧接着 1679 年，热那亚商人波索（J. B. Poso）获取了奴隶贸易专营权，并于 1682 年更新了契约。但不久之后波索身故，奴隶贸易专营权实际上掌握在与荷兰有密切金融往来的波索的合作伙伴波西奥（N. Porcio）手中。

1685 年，科曼斯终于获得了奴隶贸易专营权。自此，一直通过秘密贸易等"地下渠道"向西班牙美洲殖民地供应奴隶的荷兰商人，开始了名正言顺的奴隶专营贸易。

后来，葡萄牙的卡谢乌（Cacheu）公司于 1696 年再次取得了奴隶贸易专营权，接着法国的几内亚公司（几内亚公司由法国王室和西班牙王室各出资 1/4）于 1701 年又将专营权收入囊中。1700 年，波旁王朝路易十四的孙子安茹公爵（Anjou）被宣告成为西班牙国王，即菲利普五世，法国与西班牙之间从此开始了一段蜜月期。在此背景下，法国垄断了西班牙美洲殖民地的奴隶贸易。但是在 1701 年，围绕菲利普五世的西班牙王位而爆发的西班牙王位之争成为奴隶供应的重大阻碍。最终，几内亚公司在 1710 年宣告破产。

英国南海公司

就这样，在 1713 年依据为结束西班牙王位之争而签订的《乌特勒支和约》，奴隶贸易专营权终于转移到英国人的手中。为处理奴隶贸易事务，英国于 1711 年设立了南海公司。法属几内亚公司的奴隶贸易专营权只是形式上的契约，而英国南海公司的奴隶贸易专营权是作为英国与西班牙之间条约的一部分而缔结的。

该契约有效期是 30 年，即从 1713 年至 1743 年，是有史以来奴隶贸易专营权最长的有效期。南海公司每年可向西班牙美洲殖民地出口 4800 单位（约 6400 人）的奴隶，每单位的奴隶需缴纳关税 33 比索，该条款与法属几内亚公司相同。此外，还新追加了一些条款，规定英国南海公司每年可向西班牙美洲殖民地任何城市举办的定期集贸市场派遣 500 吨次的商船，并拥有贩卖商品的权利。虽然过去获得奴隶贸易专营权的从业者也在西班牙殖民地销售过商品，但当时都是秘密贸易，而该条款使得在西属殖民地的商品贸易合法化了。

南海公司的奴隶贸易实际上是从 1715 年开始的，每年 6000 人以上的奴隶供给量超出了南海公司的能力范围。因此，南海公司与奴隶贸易"前辈"皇家非洲公司以及从 17 世纪末就开始从事奴隶贸易并有所成就的独立贸易商人之间签订了转包合同，以便尽可能多地向西班牙美洲殖民地出口奴隶。

皇家非洲公司是为进行奴隶贸易而于 1672 年在伦敦成立的半官方性质的公司，在西非的黄金海岸及其他地区均设有贸易据点，一直向英属西印度群岛和北美殖民地供应奴隶。此外，仅凭皇家非洲公司无法满足殖民地的奴隶需求，为了补足这部分空缺，各地的独立贸易商人也参与进来，其中，布里斯托和利物浦的商人扮演着非常重要的角色。

南海公司在牙买加和巴巴多斯设有代理人，此外还在哈瓦那、韦拉克鲁斯、波托韦洛①、巴拿马、卡塔赫纳、加拉加斯、布宜诺斯艾利斯等西属殖民地设立了商行。可见，与过去的奴隶贸易专营权缔约者相比，南海公司接收奴隶的港口数量大幅增加。奴隶买卖在各商行开展，当地商人购买奴隶后再贩运到殖民地的各个地方。他们会先经由陆路将奴隶从波托韦

---

① 旧时称贝略港或者波多韦罗。

洛、巴拿马运送至太平洋沿岸，然后从这些地方要转海路运送至秘鲁总督辖区，也会利用河流从布宜诺斯艾利斯走拉普拉塔河运送至上游区域。

南海公司的 134 艘奴隶船在 1714 年至 1738 年间都驶向了非洲的哪些地区？帕尔默（C. Palmer）对此进行了调查。其结果显示，驶向安哥拉的最多，共 44 艘，其次是黄金海岸，共 31 艘，再次是奴隶海岸，共 25 艘。一般认为，驶向安哥拉的奴隶船几乎都是在装满奴隶后，再驶向布宜诺斯艾利斯。在黄金海岸或奴隶海岸装载奴隶的船只会驶向加勒比群岛、墨西哥、中美洲等地区。但 1730 年以后，南海公司奴隶船的目的地就只剩下了安哥拉。之所以如此，是因为送往加勒比群岛、墨西哥、中美洲的奴隶都会从牙买加调度，只有送往布宜诺斯艾利斯的奴隶会从安哥拉运出来。

驶向西班牙美洲殖民地的奴隶船的出发地如表 8 所示。正如前文所述，驶向牙买加的船舶数量远多于其他地区。1719 年至 1723 年，牙买加的奴隶输入数为 29192 人，再输出数为 15523 人，再输出率达 53%。其余时期的再输出率也达到 30%—50%。究其原因，在牙买加，不仅甘蔗种植园的奴隶需求量有所增加，奴隶再输出的需求也有所攀升。再输出的目的地包含北美殖民地和法属西印度群岛等，但最大的奴隶再输出目的地是西班牙美洲殖民地。顺便一提，从荷属库拉索岛和圣尤斯特歇斯岛也会输出奴隶，不过那些船舶是驶向加拉加斯的。

表 8 驶向西班牙美洲殖民地的 390 艘奴隶船的出发地及数量
（1715—1738 年）

出发地	船舶数及占比（％）
安哥拉	32（8.2）
黄金海岸	9（2.3）
马达加斯加	6（1.5）
维达	6（1.5）
牙买加	231（59.2）
巴巴多斯	33（8.5）
圣克里斯多福	39（10.0）
库拉索	21（5.4）
圣尤斯特歇斯	3（0.8）
非洲海岸（地点不定）	10（2.6）
合计	390（100.0）

资料出处：Palmer, *Human Cargoes*, p. 99.

那么究竟有多少奴隶被运送到西班牙美洲殖民地的各个商行呢？1715 年至 1738 年，从巴拿马与波托韦洛运出的奴隶有 19662 人。这些奴隶几乎都被运送至秘鲁的利马以及南美洲靠太平洋的沿岸各地。同时期被运送至布宜诺斯艾利斯的奴隶有 16222 人，其中约半数在当地被贩卖，余下的再运至阿根廷内陆地区、玻利维亚、智利、秘鲁等地。1714 年至 1736 年，被运送至卡塔赫纳的奴隶有 10549 人，这些奴隶从该地再被运送至新西班牙总督辖区各地。1715 年至 1738 年，被运送至哈瓦那的奴隶有 6387 人。1715 年至 1739 年，被运送至加拉加斯的奴隶有 5240 人。

南海公司的奴隶贸易专营权契约规定，输出奴隶人数为 4800 个单位，那么，有没有达到这一要求呢？除去尚未步入正轨的 1714 年以及战争期间，经过推算，1715 年至 1718 年每年平均输出 3200 人，1722 年至 1726 年为 4650 人，1730 年至 1738 年为 3890 人。虽然未达到契约规定的人数，但从整体来看，与历代奴隶贸易专营权的缔约者相比，南海公司的奴隶贸易可以说在很长一段时期内都达到了相当大的规模。

被运送至西班牙美洲殖民地各处的奴隶们，在各种各样的劳动场所被奴役。除前文提及的金银矿挖掘外，他们还会在各地的大型庄园（大农场）中被迫从事谷物、肉类食品、葡萄酒等的生产工作。当然，从事甘蔗、可可、烟草、棉花、古柯树等作物种植的主要劳动力也是奴隶。此外，教会、修道院、学校等地的劳务人员以及殖民地官僚的仆人等也都由奴隶担任。

欧洲各国的奴隶贸易活动

我们已经详细讨论了西班牙奴隶贸易专营权的相关问题，在本章最后，再总结一下各国的奴隶贸易动向。

前文已讲述过葡萄牙从一开始就参与了大西洋奴隶贸易。随着葡萄牙将巴西殖民地化，巴西的奴隶贸易对于殖民者来说变得日益重要起来。巴西从 16 世纪后半期开始发展（甘蔗）种植园，起初依靠当地人作为奴隶，后来主要劳动力逐渐转变为来自非洲的黑人奴隶。砂糖生产的中心是东北部的巴伊亚与伯南布哥。进入 18 世纪以后，中西部米纳斯吉拉斯的金矿开采日渐繁盛，被迫在此劳动的奴隶也不胜枚举。

进入 19 世纪以后，巴西东南部的里约热内卢和圣保罗等地的咖啡种植业发展起来，于是更多的奴隶被贩运到这里。正如前文所述，巴西是南北美洲最大的奴隶输入地，葡萄牙和巴西的商人们都参与其中。

继葡萄牙商人之后的是荷兰人。17 世纪，主导奴隶贸易活动的是被政府授予垄断权的荷属西印度公司（1621 年成立）。该公司于 1630 年占领了巴西东北部的伯南布哥，并建立殖民地。如前所述，该地区与巴伊亚一样，甘蔗种植园发展繁荣。葡萄牙甘蔗种植园主当初由于害怕遭到掠夺而逃亡到了内地，后因荷兰总督的怀柔政策，于 17 世纪 30 年代后半期又返回当地，并致力于复兴生产。与他们一样，荷兰种植园主也开始从事砂糖生产。因此，对奴隶的需求不断扩大。

1654 年，荷兰的势力虽然被葡萄牙人驱逐出了伯南布哥，但 17 世纪后半期，他们在西班牙美洲殖民地和圭亚那发现了奴隶贸易市场。前文已经讨论过，在荷兰专营奴隶贸易过程中，西印度公司扮演的角色也发挥着一定程度的作用。不过，17 世纪末，独立贸易商人崭露头角，并向西印度公司的奴隶贸易垄断权发起了挑战。奴隶贸易活动的主体出现从垄断公司向独立贸易商人转移的情况，在法国和英国也有发生，后文会展开讲述。

　　法国的奴隶贸易比荷兰稍微晚一些开始。法国商人真正开始从事奴隶贸易是在 1664 年垄断性奴隶贸易公司——法属西印度公司成立之后。1673 年设立塞内加尔公司，1685 年设立几内亚公司。设立这一系列垄断公司的目的便是打破荷兰在奴隶贸易上的统治地位。1677 年和 1678 年，法国先后从荷兰手中夺取了塞内冈比亚①沿岸的戈雷岛和阿尔金岛，并建立了坚固的据点，以便从事奴隶贸易，后来在奴隶海岸维达也设立了据点。

　　与荷兰一样，法国的独立贸易商人也从 17 世纪末开始活跃。他们不仅在西非从事奴隶贸易，还将势力扩大到南非的卢安果和安哥拉。南特港是 18 世纪法国最大的奴隶贸易港。1711 年至 1777 年从南特港出发的 472 艘奴隶船的目的地来看，驶向包括塞内冈比亚在内的上几内亚地区的船舶有 191 艘（占 40.5%），驶向黄金海岸和奴隶海岸的有 166 艘（占 35.2%），驶向刚果和安哥拉的有 115 艘（占 24.4%），其中大部分是由独立贸易商人负责，南特港以外的奴隶贸易港还有拉罗谢尔、勒阿弗尔、波尔多等。

　　经奴隶船运送的奴隶们主要会被送往法属西印度群岛的瓜德罗普、马提尼克、圣多明各地区。这些地区都以生产砂糖为主。1788 年，在法属西印度群岛的全部人口中，白人有 55000 人，有色自由人有 32000 人，而黑人奴隶则多达 594000

---

① 西非国家塞内加尔和冈比亚所组成的邦联。

人。三个殖民地中，圣多明各的奴隶人口最多。

英国真正参与奴隶贸易的时间与法国基本为同一时期，其最早的垄断公司是于 1660 年设立的皇家探险者非洲贸易公司（Company of Royal Adventurer Trading to Africa）。但由于该公司卷入了第二次英荷战争，成立不到 10 年便被迫解散。

继承其资产的是 1672 年成立的皇家非洲公司（Royal African Company），它虽然冠有"皇家"的头衔，但企业形态却是联合股份公司，出资者是以约克公爵（York，后来的詹姆斯二世）为首的贵族，以及地主、官员、商人等。在非洲沿岸的交易范围是从塞内冈比亚到安哥拉，长约 3200 公里，交易中心为塞拉利昂、科特迪瓦、黄金海岸、贝宁湾等。其中，黄金海岸筑有海岸角城堡，被誉为可以与西方荷兰埃尔米纳堡抗衡的最强要塞。

皇家非洲公司在非洲获得的奴隶大多运往英属西印度群岛。其中 17 世纪 70—80 年代，运往最早作为砂糖殖民地而发展起来的巴巴多斯岛的奴隶人数，占该公司出口奴隶总人数的 40%。运往比该岛稍晚一些发展为砂糖殖民地的牙买加的奴隶人数，占该公司出口奴隶总人数的大约 1/3。此外，还向背风群岛的尼维斯及安提瓜等地运送了许多奴隶。进入 18 世纪后，正如前文所述，该公司作为南海公司的承包商也向西班牙美洲殖民地出口奴隶。

不过，从 17 世纪末开始，英国与荷兰、法国相同，独立贸易商人的奴隶船也频繁活动起来。尤其是在 18 世纪 30 年代以后，独立贸易商的贸易活动频率甚至超过了皇家非洲公司和南海公司。这两家专营公司都在伦敦设有据点，但 18 世纪前半期布里斯托作为奴隶贸易港繁荣兴起，到了后半期利物浦则占据了上风。从 18 世纪出港的奴隶船数量来看，18 世纪初伦敦占 59%，30 年代布里斯托占 45%，50 年代利物浦占 60%。

最后，我们来看看北美殖民地美利坚合众国奴隶贸易的情况。北美殖民地商人真正参与奴隶贸易是从 18 世纪 30 年代开始的。他们不仅向弗吉尼亚的烟草种植园、卡罗来纳的水稻和靛蓝种植园供应奴隶，还将生意向西扩展到了英属西印度群岛、法属西印度群岛以及西班牙的美洲殖民地。不过，总的来说，北美南部种植园的奴隶供应基本被英国商人垄断，殖民地的奴隶商人大多是向加勒比群岛供应奴隶。此外，从时间上看，在美国发表《独立宣言》后，即 18 世纪的最后 25 年中，美国商人经营的奴隶贸易迎来了巅峰。

奴隶船的主要出发港口是马萨诸塞州的波士顿、塞勒姆，罗德岛的纽波特、普罗维登斯、布里斯托等。据推算，罗德岛的商人在 1708 年至 1807 年共往非洲派遣了 934 艘奴隶船，贩运奴隶超过 10 万人。他们以从西印度群岛进口的糖蜜为原料酿造朗姆酒，再于非洲市场上用朗姆酒交换奴隶。因此，美国的奴隶船也被称为"朗姆船"。

就这样，大西洋奴隶贸易从 15 世纪中叶开始，一直到 19 世纪中叶结束，跨越 4 个世纪。葡萄牙、荷兰、法国、英国、美国等奴隶商人的贸易活动相当活跃。此外，丹麦、瑞典、勃兰登堡等亦有少数奴隶船往来航行。

正如前文所述，目前上传至 TSTD2 的奴隶船航海数据已超过 35000 件，而每艘奴隶船上都有着各自不同的故事。第二章我们将聚焦于奴隶船本身，具体讲述那些操纵奴隶船的人。

第二章

操纵奴隶船的人们

一、"移动监狱"——奴隶船的结构与实况

奴隶船"布鲁克斯号"

让我们先从一张奴隶船"布鲁克斯号"（Brooks）的结构图（如图 2-1）开始说起。这张图片对 1787 年以后英国禁止奴隶贸易及废除奴隶制运动——废奴运动的民众意识提高有着非常重要的影响。这个问题，我们将在第三章和第四章详细展开讨论。

废奴运动的领袖之一托马斯·克拉克森（Thomas Clarkson）表示："为了让公众理解那些非洲人在中央航路途中的痛苦，并感同身受，为了使他们在那里经历的悲惨遭遇能够迅速公之于众，于是制作了这张图片。"视觉印象会成为一道强有力的信息，在人与人之间广泛流传。

"布鲁克斯号"是一艘真实存在的奴隶船，1781 年于利物浦建成，至少执行了四次航行。船舶吨位达 297 吨，比一般

图 2-1 奴隶船"布鲁克斯号"的结构图（1788 年）。该图初版由废奴协会普利茅斯分部制作，此处使用的是布里斯托分部的复制品（出处：马库斯·雷迪克《奴隶船的历史》，第 286 页）

的奴隶船更大。船以其所有者之一约瑟夫·布鲁克斯（Joseph Brooks Jr.）的名字命名。第一次航海，"布鲁克斯号"于 1781 年 10 月 4 日从利物浦出发，1782 年 1 月 15 日到达黄金海岸的海岸角城堡，装载了 650 名奴隶后于同年 7 月 14 日再次起航，9 月 12 日抵达牙买加的金斯敦。中央航路途中有 4 名奴隶死亡。同年 12 月 22 日从金斯敦出发，1783 年 2 月 22 日返回利物浦。船长是克莱门特·诺布尔（Clement Noble），船员共 58 人，航海途中死亡 8 人。

第二次航海于 1783 年 6 月 3 日出发，与前次路线基本相同，1784 年 8 月 28 日返回利物浦。船上装载奴隶 619 人，途中死亡 33 人，死亡率为 5%。船长与前次相同，船员共 46 人，途中死亡 3 人。

第三次航海于 1785 年 2 月 2 日出发，沿同一路线航行，翌年 4 月 10 日返航。船上装载奴隶 740 人，中央航路途中死亡奴隶数增至 105 人，死亡率达 14%。船长不变，船员共 47 人，航海途中死亡人数未记录。

第四次航海于 1786 年 10 月 17 日出发，航海路线仍与以往基本相同，1788 年 2 月 8 日返航。船上装载奴隶 609 人，死亡 19 人，死亡率为 3%。本次航海数据记有奴隶的男女比例，成年男性占 58%，成年女性占 21%，少年男性占 15%，少年女性占 6%，从整体男女比例来看，男性占 73%，女性占 27%。此次航行的船长变更为托马斯·莫利纽克斯（Thomas Molyneux），船员共 45 人，航海途中死亡 6 人。

为什么第三次航行时的奴隶死亡率比较高呢？因为原本计划在黄金海岸获取600名奴隶，但实际上却多装载了140人。虽然没有记载船员的死亡人数，但真实情况可想而知，应当比往常更多。想必正是基于这样的航海结果，船长才被替换掉了。

我们根据TSTD2中的数据可以得知，第四次航行之后隔了一段时间，1791年7月以后，该船又以相同船名完成了六次奴隶贸易。不过，船舶的吨位增至319吨，船舶的所有者也发生了变更。由此可以推测该船被卖掉了，新的所有者将其翻新后再次作为奴隶船使用。1788年制定的《多尔本法案》规定，装载量在200吨以上的船舶每吨仅能装载1人以下。因此，其后六次航海装载的奴隶人数略微减少。

奴隶船"布鲁克斯号"的结构图初版是由废除奴隶贸易协会普利茅斯分部于1788年11月制作，即在第四次航行结束之后。该船作为奴隶船虽然稍有些大，却仍旧为人所熟知。这张图片也传到了刚独立的美国费城和纽约，图的本身基本没有改动，只是在说明的文字部分略加修正，添加上了"促进奴隶制废除"的字样。

随后，废奴运动核心组织废除奴隶贸易协会（本书第三章详述）又对该图进一步改良。普利茅斯版仅有1张下甲板的平面图，改良版中增加了1张下甲板上方六七厘米处平甲板上的奴隶排列平面图、2张船尾附近半甲板上的奴隶排列图、2张展示纵向结构的立面图以及1张展示船舶整体剖面的立面图，共计 7 张。

奴隶们像货物一样一个挨一个地被紧紧塞在奴隶船里，这些图片对此场景进行了真实的再现。然而这些只是依据《多尔本法案》所规定的装载人数进行描画，实际装载人数应该更多。

奴隶船的结构

赫伯特·S. 克莱因计算出了驶向牙买加的奴隶船吨位的平均值。从其计算结果来看，皇家非洲公司奴隶船的平均吨位在 17 世纪 80 年代为 147 吨，而在 1691 年至 1713 年间则稍大一些，为 186 吨。独立贸易商人奴隶船的平均吨位在 1782 年至 1787 年间为 167 吨。该时期 100 吨以下的奴隶船占比 8%，且不存在 400 吨以上的奴隶船。

从克莱因计算的数据来看，18 世纪中期奴隶船的吨位一般在 100—200 吨之间。由于要在短时间内尽可能多地在非洲沿岸获取奴隶，并降低装载在船上的奴隶的死亡率，必然要尽量缩短中央航路的航行天数。这种级别的船舶长度一般在 24—27 米，宽 6—7.5 米。为了防止船身的腐蚀或虫蛀，船底均贴有铜板。

船员人数比一般贸易船多两倍，因为他们是专门监视奴隶的重要人员，也是防止他国奴隶船和海军攻击的武装人员。如前文数据所示，在中央航路上，船员的死亡率时而高于所装载奴隶的死亡率也就不足为奇了。

图 2-2　从非洲沿岸至中央航路

带上奴隶船［出处：*The Church Missionary Intelligencer*, vol. 7（1856）］（上）
强制跳舞（19 世纪 30 年代左右的版画，纽约公共图书馆藏）（下）

马库斯·雷迪克（Marcus Rediker）曾将奴隶船形容为"移动的监狱"或"漂浮的监狱"，这一比喻非常贴切。被囚禁在奴隶船上的黑人们每天不得不在船板上一动不动地横卧 16 个小时或者更久，而保持这样的状态在大西洋上航行通常要两个月以上。船上的奴隶们每天只配发两次食物和饮用水，为了让他们活着，也会强迫他们每天在甲板上跟着音乐跳一次舞（如图 2-2 下图）。为了防止痢疾、天花等传染性疾病的传播，在航海途中还会用海水、醋、香烟灰等多次进行清洗。

这样做的目的也是所谓的"经济效率"，即尽可能减少作为"商品"的奴隶的死亡。

那么，一般来说，奴隶船的结构是怎样的呢？从前面的图片中或许可以看出一些端倪。男性奴隶们两人一组，手腕和脚腕被锁链绑在一起，横卧在主甲板下方的下甲板上。主甲板与下甲板之间还有一层平甲板，这里也有一些男性奴隶以同样的姿势横卧其上。所谓平甲板不过是从船壁向内部伸出 180 厘米的隔板。因船梁高度有限，男性奴隶无法直立身体。

分隔主甲板和下甲板的入口处设有木制的格子窗，可供船内外空气流通。船舶侧面同样设有一些换气窗。即便如此，外面的空气也很难全面进入船内的各个地方，船内到处充斥着污浊、恶臭的气味。

从下甲板中央部分的主桅周围到后桅之间是女性奴隶的居住区域。男性奴隶与女性奴隶的居住区之间留有 3—5 米的空间间隔，这是船员进入船舱的通道。在"布鲁克斯号"上，通道后面是少年男性奴隶的居住区，再往后是女性奴隶居住区和少年女性奴隶居住区（船尾）。女性奴隶、少年男性和少年女性奴隶通常不锁锁链，与成年男性奴隶相比，他们在身体上的束缚或许要少一些，但经常面临沦为船员们欲望牺牲品的危险。此外，船舱内还堆积着用来贸易往来的各种商品（棉织物、金属制品、串珠、朗姆酒、枪、火药等）、航海备用品（木材、绳索、蜡烛等）以及食物、水等。

后甲板上有一间客舱，船长在这里处理事务或下达指令。

船长室的下方也有奴隶的居住空间。船长室的旁边还有一间客舱，供船医和大副①居住。船上并没有设置水手们的专用居住空间，他们会找适当的地方系上吊床睡觉休息。

此外，船上还备有长板船以及高低桅小帆船②。前者全长九米左右，既可以扬帆航行，又可以划桨航行。后者是比长板船稍小些的船只，通常要由好几名水手划桨航行前进。这两种小船在非洲沿岸的交易中扮演着不可或缺的角色。奴隶船在近海抛下锚后，依靠这些小船往返于海岸。去程可以装载商品，回程可以运载奴隶。有时也会使用当地的独木舟，这便是所谓的"船上交易"。

阻隔板是奴隶船结构中最具特色的部分，它是设置于主甲板后方，高约三米。阻隔板可以隔开男性奴隶和女性奴隶。此外，在发生奴隶"叛乱"的时候，船员们可以躲在阻隔板背后，即女性奴隶居住的一侧避难或者防御。再者，强制奴隶们在主甲板上跳舞时，全副武装的哨兵也是在阻隔板处持枪进行监视。

武器库设在船长室旁边，并配置严密的警卫。船上的厨房备有超大锅炉，厨师每天必须为奴隶和船员等数百人准备两次餐食。此外，船身周围悬挂着用绳索编成的网，以防止奴隶跳海。奴隶船中还堆放着许多用来囚禁奴隶的工具，如手铐（如图 2-3）、脚镣、项圈、锁、烙印铁以及拷问用的螺丝锁等。

---

① 船长的第一助手，地位仅次于船长。

② 又称约耳帆船、双桅轻便帆船，是一种小型帆船。有两根桅杆，主桅在前，后桅非常短，位于舵柱之后，两桅杆均挂纵帆。后桅帆主要用于操控船的航行方向，而非提供助动力。

鞭子是威吓、体罚奴隶的常用工具，其中有一种被称为“猫鞭”的工具，前端有若干分支，鞭打时会让奴隶的痛苦加倍。

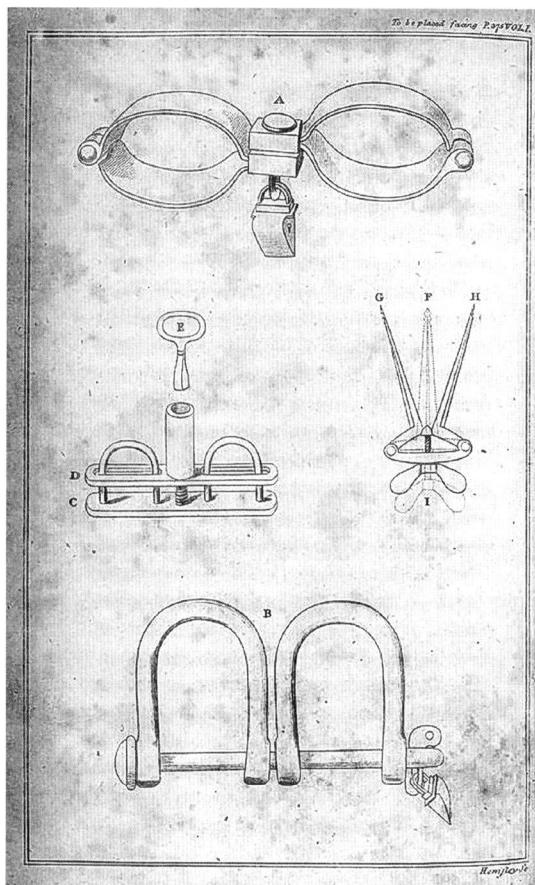

图2-3　囚禁奴隶的工具

资料出处：克拉克森（Clarkson）*The History of the Rise*, Progress, and Accomplishment of the Abolition of the African Slave-trade, by the British Parliament, 1808.

　　奴隶船简直就是一座"移动监狱"。导演史蒂文·斯皮尔伯格（Steven Allan Spielberg）曾以"阿米斯塔德号"事件为题材执导了电影《勇者无惧》（1997 年），将奴隶船上笔墨言辞难以描述的残酷状况搬上了银幕。接下来，我们将更深入地探究奴隶们在船上的悲惨境遇。

二、沦为奴隶的非洲人
——人口贩卖、中央航路、"叛乱"

达荷美王国 [①] 与奴隶交易

面朝大西洋的非洲沿岸各地遍布着许多奴隶贸易据点。从西非到非洲中西部，即塞内冈比亚到塞拉利昂的科特迪瓦、黄金海岸、贝宁湾、比夫拉湾、刚果、安哥拉一路绵延的6000余公里海岸线，还有莫桑比克、马达加斯加等非洲东南部等地区，均散布着葡萄牙（巴西）、荷兰、法国、英国、西班牙、丹麦等国的奴隶贸易据点。

在当时的非洲，多种民族和语系形成了大大小小各式各样的社会群体，其中最庞大的群体是王国，它拥有阶级结构和

---

① 西非埃维族的一支阿贾人于17世纪建立的封建国家。国家全名为"达恩·荷美·胡埃贝格"，意思是"建在达恩肚子上的国家"，简称"达荷美"。1899年为法国所灭。

强大的军队，统治区域广大，依靠贸易获利。

奴隶制度在这样的非洲社会中存在已久，并作为一种社会结构发挥作用。例如，从17世纪末开始阿散蒂王国便在黄金海岸给欧洲商人供应奴隶，由此可知当时已经存在如下这些奴隶。

债务奴隶，顾名思义，是为了抵债而将自身或家人出售为奴的人；战争奴隶，是指发动战争，侵入邻近地区，抓获带回的俘虏；纳贡奴隶，他们算是战争奴隶的变体，即邻近地区为了避免战争而进贡的一定数量的奴隶。此外，还有作为活供品被献祭的奴隶、被诱拐贩卖的奴隶、违反社会规则的犯罪者，以及因饥荒等原因主动卖身为奴者等。其中，被卖给欧洲商人的主要是战争奴隶、纳贡奴隶、被诱拐者和重罪犯人。

与阿散蒂王国相同，18世纪，达荷美王国也将奴隶贸易作为社会功能纳入国内社会体系。达荷美原本是靠近贝宁湾海岸的内陆王国，阿加扎国王（Trudo Agaja）在位期间（1708—1732年）控制了贝宁湾海岸的一个奴隶贸易据点——维达，垄断了奴隶贸易，使之成为王室的重要收入来源。停靠在贝宁湾海岸的奴隶船一般来自法国最大的奴隶贸易港南特、北部的洛里昂以及伦敦等地区。

达荷美王国每年在收获完高粱和水稻后，国王便率领浩浩荡荡数万人的军队与邻近地区开战，将捕获的俘虏作为奴隶，一部分分给王室，一部分作为报酬奖励给英勇的队长及士兵们，余下的部分则卖给欧洲商人。

　　所谓"欧洲商人"，实际上就是在非洲沿岸从事奴隶交易的奴隶船船长。国王代理人与船长们进行奴隶交易的交涉过程大致如下：

　　船长首先告知国王代理人计划购入多少名奴隶、准备以何种商品组合交换一名奴隶，并让代理人查看实际的商品样品。这里的商品组合是为获得一名奴隶而准备的若干种商品。例如，为获得一名女性奴隶而准备的商品有 3 瓶白兰地、123 磅重的贝壳、2 条手帕、8 条围裙（棉织品）等。顺便一提，贝壳在达荷美不仅是装饰品，同时也作为货币使用（古代中国等世界各地都有将贝壳作为货币使用的实例）。一旦交涉成功，欧洲商人还须向国王缴纳关税（贡品），而达荷美方面则须在集齐契约中规定奴隶人数前的数月间，为商人们提供生活所必需的住所、厨房、仓库等。

　　达荷美王国与欧洲商人之间的交涉看似和平，但曾担任利物浦奴隶船船长的约翰·牛顿（John Newton）在航海日志中记述如下："我真心认为，如果欧洲商人不再教唆人们用物品去交换奴隶，在非洲发生的大部分战争应该都会停息吧。虽然欧洲人没有派遣军队，但他们前进的道路上却洒满了鲜血。被屠杀者远比为贩卖而留下的俘虏多。"

　　如果他这番话可信，那么以本书第一章中介绍的埃尔蒂斯与理查森的估算值，即活着登上新大陆的奴隶 1070 万名为参照来看，在非洲内部战争中逝去的生命远多于 1070 万。

艾奎亚诺的生平与奴隶船体验

无独有偶，与"布鲁克斯号"的图像一样，原黑人奴隶奥拉达·艾奎亚诺（Olaudah Equiano）（如图 2-4）也让奴隶船上的实际情况无所遁形。

图 2-4　奥拉达·艾奎亚诺（*The Life of Olaudah Eqiuano*，1789）

据其自传《奥拉达·艾奎亚诺的生平奇事》（*The Life of Olaudah Equiano*）记载，艾奎亚诺于 1745 年出生在今尼日利亚的一个名为鄂萨卡（Essaka）的伊博族村落。他 11 岁左右时的某一天，他和妹妹在村人全都外出时遭到诱拐，并被当作奴隶贩卖。事实上，还有一种说法认为他出生于美国的南卡罗来纳州，为此还引起过一番争论。不过，即使他出生在北美洲，是从其他非洲人口中听闻奴隶船的恐怖体验后，内化成自己的知识再真切地描述出来，其讲述内容的价值也并没有削减。不管怎样，我们就以他出生在尼日利亚为前提进一步展开话题。

艾奎亚诺与妹妹两人先在非洲境内被当作非洲人的奴隶，他与妹妹分开后来到非洲沿岸，被带上奴隶船，横渡大西洋后最先抵达的是巴巴多斯。但在这里，他并没有被种植园主买下，而是被卖到了弗吉尼亚的种植园。后来，他又被英国海军上尉迈克尔·帕斯卡（M. H. Pascal）买走，取名为古斯塔夫斯·瓦萨（Gustavus Vassa）。1757 年，他抵达英国后奉帕斯卡之命，参加了七年战争[①]（1756—1763 年）。

之后，他在伦敦受基督教洗礼，1763 年又被贵格会教徒兼商人罗伯特·金（Robert King）买走。跟随金在英属西印度群岛以及北美殖民地从事贸易活动的过程中，他自己也做一些商品买卖并积累了一定的财富。基于此，他于 1766 年从金手中为自己赎身，成为自由人。

此后他仍在各地继续从事贸易活动，并从 18 世纪 80 年代开始关注奴隶解放运动。在这一过程中，艾奎亚诺于 1789 年出版了自传，至他去世为止一共重版了 9 次。1792 年，他与英格兰白人女性卡伦（Susannah Cullen）结婚，生育了两个女儿，于 1797 年在伦敦去世。

我们将目光再转回到他在奴隶船上的体验。遭到诱拐半

---

① 英国、普鲁士同盟与法国、奥地利、俄国同盟为争夺殖民地和欧洲霸权而进行的战争，持续时间长达七年，故称"七年战争"，又称第三次西里西亚战争。此战之后，英国成为海上霸主，法国进一步遭到削弱，俄国加强了欧洲强国的地位，普鲁士在德意志的特殊地位得到巩固。

年后，艾奎亚诺来到海岸边，生长在内陆的他第一次见到了大海。奴隶船停靠在近海处，等待装载货物。他被带到船上，由船员们检查他身体健康与否。他环顾四周，看到"巨大的锅炉正沸腾着，大量来自各个种族的黑人被锁在一起，所有人的脸上都流露着失意与悲伤的神情"。就这样，他在甲板上动弹不得，渐渐失去了意识。

不久后他清醒过来，发现旁边有几个黑人，于是问他们自己是不是会被"白人男性们"吃掉了。

那几个黑人回答说不会，他们主要负责将奴隶运送到船上。艾奎亚诺被押入下甲板，甲板上到处是难以忍受的恶臭和奴隶们的哭喊，他悲伤不已，什么也吃不下。"白人男性们"扔给他一些食物，但他拒绝了。于是这些白人把他的脚捆绑起来，并用鞭子猛烈地抽打他。他想要逃走，但奴隶船周围布满了防止逃跑的网，无法轻易翻越。

过了一会儿，艾奎亚诺发现周围有几个同乡，心情多少有些好转。他问同乡们接下来会怎样，得知会被带到"白人男性们"的国家强制劳动。于是他又想，如果仅是被强制劳动还不至于太绝望。

艾奎亚诺由于年纪尚幼，不需要锁上脚镣，而成年男性奴隶都被锁在下甲板，忍受着令人窒息的恶臭，被紧紧地塞在一起，几乎无法动弹。因为天气闷热，他们出了大量的汗，导致船舱里臭气熏天，"空气变得难以呼吸"，进而导致疾病蔓延，许多人都处在濒死的边缘。此外，屡屡有孩子坠入便桶，引得女性们阵阵哀号。

奴隶船里像这样的恐怖事件层出不穷。一天，被锁链捆绑在一起的两个黑人因不堪忍受，一心求死，翻越防护网跳入海中。随后，另一名因生病被解开脚镣的男人也采取了同样的行动。船员们停下船，降下小船追捕逃跑的奴隶。最初跳海的两个人溺水身亡，后面那个却被抓了回来。为了警告其他奴隶，船员们毫不留情地用鞭子抽打他。艾奎亚诺在自传中写道，几乎每天都能看到处于濒死状态的奴隶被抬到甲板上，自己甚至有些羡慕他们能够享受死亡的自由。

经过漫长的航行后，奴隶船在巴巴多斯岛布里奇顿的海边抛锚。尽管已经入夜，许多商人和种植园主仍然登上船开始接收奴隶。"艾奎亚诺们"被分成若干组进行健康检查，他们朝陆地的方向一指，表明艾奎亚诺和伙伴们即将要去的地方。

奴隶们被迫上岸后，立即被带至商人住宅前的广场，并关入牢笼。那时，艾奎亚诺看到由砖墙建成的高大建筑和骑马的人，感到十分惊讶。紧接着鼓声响起，买主们纷纷聚集到广场上，把自认为最好的一组奴隶挑走。

对奴隶们来说，他们无疑是决定自己命运的"毁灭代理人"。在贩卖过程中，即使是亲人或者朋友也会被迫分离，几乎此生再也无法相见。艾奎亚诺认识的很多兄弟都被分在了不同的组卖掉。他在书中写道，近距离目睹他们分别时哭喊的样子是"最极致的残酷"。

频繁爆发的奴隶"叛乱"

艾奎亚诺痛苦地讲述了自己在奴隶船上无数次求死不得的经历。不仅是他，被迫登上奴隶船的奴隶们几乎都怀着同样的心情。一心求死，还是向死而生在奴隶船上揭竿而起，两者之间不过一念之差。

理查森曾说过，每10艘奴隶船中就会有1艘爆发"起义"，每次起义的平均死亡人数为25人。TSTD2的各航海条目中有一项叫作"非洲人的抵抗"（African resistance），若说发生过奴隶起义的证据，便是条目上记载着的"Slave insurrection"。下面我们来列举几个这样的案例。

1753年8月14日，单桅纵帆船①"托马斯号"（Thomas，30吨）从利物浦出发驶向冈比亚，并在冈比亚获取了88名奴隶。这些奴隶知晓一些欧洲武器知识，全员自行打开枷锁，登上主甲板，将大副扔进了海里。其他船员用步枪进行射击，将奴隶们押回下甲板。但是，奴隶们却以碎木板等作为武器再次返回主甲板，与7名船员开战。船员们被逼得走投无路，乘坐长板船脱身。就这样，船上奴隶们获得了解放。

不过，其他的奴隶船主意欲夺回该船，尽管奴隶们以枪应战，终究还是被镇压了下去。在严密的监视下，他们被运送到加勒比群岛的蒙特塞拉特岛，如同货物一般被卸下船的奴隶有69人。1754年7月16日，该船返回利物浦。

---

① sloop，又称史路普帆船，是一种小型帆船，只有一根桅杆、单独一个前桅支索帆，速度往往快于其他小船，也称单桅快船。

事实上，同年 7 月 20 日，该船再次回到原船长托马斯·怀特塞德（Thomas Whiteside）的手中，从利物浦出发，驶向冈比亚，在冈比亚共获取了 83 名奴隶。虽然船员已经增至 10 人，但是该船又爆发了奴隶起义。这场起义是如何爆发的，具体原委不得而知，但最终结果仍然是奴隶们遭到了镇压，同样被送到了蒙特塞拉特岛，被卸下船的奴隶为 65 人。

根据《奴隶船的历史》的作者、大西洋史研究专家马库斯·雷迪克的描述，出身于塞内冈比亚地区的人们极其厌恶沦为奴隶，他们被视为奴隶船上的危险分子。皇家非洲公司的某员工曾表示："冈比亚人原本就很懒惰，非常讨厌劳动，难以忍受沦为奴隶。因此，为了重获自由，他们什么事情都做得出来。"

尽管奴隶船上"叛乱"爆发频率高得超乎想象，但实际"叛乱"成功的案例却极少。雷迪克指出，"叛乱"可以分为三个阶段。首先，奴隶们相互之间能够实现沟通是必要前提。出身来源复杂多样的奴隶们，相互间必须像艾奎亚诺那样能够与同乡进行语言交流，"叛乱"的计划才能顺利推进。虽然加入"叛乱"的人数越多，"叛乱"成功的概率就越大，但相反，其中有人告密的风险也就越大。所以一般是以能够相互信赖的少数人为核心制订计划并付诸实施。主谋者必须详细确认船舱、下甲板、船长室、武器库等的结构和位置。

第一个阶段是如何解决让身体自由活动的问题，即如何打开手铐、脚镣、锁链……在枷锁不太紧的情况下，可以使用一些帮助润滑的东西抽身而出摆脱，也可以使用钉子或木头碎片解开枷锁，或者使用锯子、斧头、小刀等锐利的工具打破枷锁。这些工具类物品较为容易被相对自由一些的女性奴隶获取。

第二个阶段是打破阻隔奴隶们所处的下甲板与主甲板之间的格栅，开始战斗。开战的号角吹响以后，不只是主谋者们，多数奴隶的群起响应才是至关重要的。不过，他们可以使用的武器只有碎木板和船桨。如果女性奴隶们也响应起来，那么阻隔板后、船尾处也会加入战斗，或许还能拿到厨师使用的刀和斧子等作武器。

船员会把所有奴隶赶到甲板上，用手枪或步枪射击，镇压"叛乱"，也会使用阻隔板上方的旋转机关炮对奴隶们扫射。想要"叛乱"成功，奴隶们必须突破阻隔板，占据阵地，夺取枪械。如果能够杀死船员或者迫使他们弃船，这个阶段就算大功告成了。

最后，第三个阶段是操纵夺取来的奴隶船，返回非洲。奴隶中几乎没有人懂得如何操作奴隶船，因此有时也会留下会驾驶船只的船员的性命，看着他们驾驶。

能够顺利经过这三个阶段，最终取得成功的奴隶"叛乱"寥若晨星。1728 年 10 月 1 日从伦敦出航的"克莱尔号"（Clare）是为数不多的叛乱成功案例之一，它在 TSTD2 中的航海编号为 77058。该船于黄金海岸的海岸角城堡获取了 273 名奴隶后，船上很快便爆发了"叛乱"。奴隶们使用枪械追击船长及船员，船长等人搭乘长板船勉强逃脱。奴隶们占领奴隶船后，返回离海岸角城堡不远的岸边，获得了自由。

奴隶船上"叛乱"最常见的结局是被镇压，主谋者被问责并遭受各种严刑拷打，诸如鞭打、割去耳朵、打折骨头、切断手脚，甚至被杀掉。为了杀鸡儆猴，有时身体被切掉的部分还会配发给剩下的奴隶们。雷迪克说："奴隶船简直就是为支配人类而构造的完美要塞。"

三、船长与水手

《奇异恩典》[1] 与约翰·牛顿

接下来，让我们来看一看运送奴隶、操纵奴隶船的都是些什么人。

首先是奴隶船船长。船长是按照奴隶商人的意向，整体统筹奴隶贸易和实际操纵奴隶船的人。船长必须在英国本土选择、调配奴隶贸易所需要的商品，选拔奴隶船上的船员，包括船医、大副、厨师、水手等下属，而要在非洲不同地区获取奴隶，所需商品种类也会随之变化。

可以说，船长就像是奴隶船上的专制君主。为了保证船内秩序稳定，船长必须慎重选择船员；给不服管教的水手锁上枷锁，施以鞭刑；带领大家在非洲沿岸忍耐数月之久，并指

---

① *Amazing Grace*，世界上最著名的基督教圣诗之一。歌词源于作者约翰·牛顿的个人经历，可以说是一首他的自传。

导贸易活动；驶入中央航路后，应对随时可能爆发的奴隶"叛乱"；挖空心思防止作为"商品"的奴隶自杀或死亡；抵达贩卖地点后，尽快以较高的价格将其卖出去。上述一系列具体工作，全都要在船长的指挥下进行。

18 世纪中叶，作为从利物浦出发的奴隶船船长，约翰·牛顿（如图 2-5）的名字家喻户晓。1772 年，他谱写了至今仍在全世界传唱的赞美诗《奇异恩典》的歌词。当时他已经从奴隶贸易中金盆洗手，开始以牧师的身份活动，在 18 世纪 80 年代后半期的废奴运动中扮演着至关重要的角色。他对自己曾以奴隶船船长身份从事奴隶贸易活动感动极度悔恨，积极投身于废奴运动，向世人揭露奴隶贸易的深重罪恶。

图 2-5　约翰·牛顿（1725—1807 年）
（出自雷迪克《奴隶船的历史》）

约翰·牛顿，1725 年出生于伦敦泰晤士河畔一角的沃平。他父亲也叫约翰·牛顿，是一名船员。母亲虽然期望他成为一名牧师，但年轻时便因患肺结核病故了。不久，父亲再婚，并将他送到埃塞克斯郡的学校。10岁后他回到父亲身边，帮忙处理与海运相关的工作。不久，父亲退休，将他托付给故友约瑟夫·曼尼斯提（Joseph Manesty）。曼尼斯提是利物浦商人，在大西洋贸易中取得了成功。约翰·牛顿17岁时移居利物浦，先后在地中海贸易的贸易船和英国海军军舰上担任船员，积累了相关经验。

牛顿以候补少尉的身份登上军舰"哈里奇号"（Harwich）时，因为与舰长不睦，被降级为一般水手。后来在马德拉群岛的港口，又被换作某商船的水手，登上商船，该商船是一只奴隶船。后来又历经数次工作变动，以水手身份搭乘的最后一艘奴隶船是布里斯托船的"黎凡特号"（Levant）。该船准备从塞拉利昂的香蕉群岛出发驶向牙买加。

然而，牛顿并不想在奴隶船上工作，于是就留在了当地，帮一位英国商人处理业务，这个商人的业务是将塞拉利昂的布兰登堡岛建成奴隶贸易据点。后来他才意识到这次的工作变动是场悲剧。他在后来的记述中写道："既没有食物，也没有衣服，贫穷的惨烈程度超乎想象。"不仅如此，他还在这里染上了重病，直到两年后才痊愈。那期间，他与当地人建立了良好的关系，甚至萌生过此后就留在非洲的念头。

后来，他父亲请求故友曼尼斯提帮忙，让他得以在1748年5月底成功返回利物浦。

成为奴隶船船长

1748 年夏天，约翰·牛顿登上了"布朗劳号"（Brownlow）奴隶船，开启了人生第一次大西洋奴隶贸易的航海之旅。不过此时他还不是船长，而是大副。在此之前，他虽然在各种航海贸易和非洲交易中积累了许多经验，但年纪尚轻，只有 23 岁。尽管有在非洲沿岸实际从事贸易的具体经验，但要指挥整艘奴隶船仍尚显稚嫩，而且他没有统领船员的经验。在奴隶船船长负责的工作中，最困难的莫过于维持船上的秩序。这次航海是他为将来自己当船长，指挥奴隶船做准备的阶段。

这次航海远称不上顺利，"布朗劳号"在塞拉利昂和黄金海岸之间来来回回约 8 个月，共获取了 218 名奴隶。然而，这些奴隶爆发了"叛乱"，导致 1 名船员和 4 名奴隶死亡。而且，在中央航路上，因船上疾病蔓延，致使 62 名奴隶丧命，死亡率高达 28%，这在该时期数值中算是相当高的。据推测，他们或许是因排泄物、食物、水等感染了痢疾。

该船经由安提瓜驶向北美殖民地南卡罗来纳的查尔斯顿。1749 年 8 月 14 日，《南卡罗来纳公报》报道了该船抵达的消息。牛顿在此地耗费了六周时间才等来奴隶买主，于 12 月 1 日返回利物浦。顺便一提，在登岸的短暂时日里，他向苦恋多年的玛丽·凯特立特（Mary Catlett）求婚，并于翌年即 1750 年 2 月在查塔姆岛结婚。

结婚三个月后，牛顿又返回利物浦，因为曼尼斯提任命

他这次担任船长，指挥奴隶船。1750 年 8 月 11 日，牛顿成为
"阿盖尔公爵号"（Argyle）的船长，从利物浦出发，驶向科
特迪瓦。不过，该船舶是一艘建造于 1729 年的老船，牛顿自
己也曾表示：那是一艘非常老旧、无法想象能完成正经任务
的船。

作为船长，他直面的第一个问题是与船员尤其是与水手
之间的关系。船员共有 30 名，其中有醉酒闹事和企图挑事的
人，屡屡反抗这名新手船长。牛顿则对他们的挑战提前做好了
准备，对违规行为加以严惩，针对不服管教的船员，打算像自
己曾经历过的那样，将他们引渡给英国海军。由于甲板长扰乱
秩序，牛顿罚其缚枷三日，以示惩处，解除枷锁后还令其发誓
从此"服从"，其他违规的船员则施以鞭刑。

在此次航海过程中，由于疾病蔓延，包括中央航路在内，
船员死亡人数增至 7 人，死亡率高达 23%，与奴隶的情况基
本相当，甚至还更高一些。

获取奴隶的数量通常只有一两名，偶尔也会有一次性获
取一大批奴隶的情况。不过，牛顿对奴隶的年龄、肤色、价格
等都会慎重考虑，不能达成一致时便拒绝交易，绝不妥协。船
舶下甲板上囤积的奴隶越来越多。牛顿给他们编上号码，并将
其特征记录在航海日志中。随着奴隶人数的增加，船员的工作
也越发繁重起来。提供食物、打扫卫生、隔离染疾的奴隶等都
是必要的工作内容，此外，他还必须仔细观察奴隶们的态度，
将"叛乱"的企图消灭在萌芽之中，日常的工作就是对奴隶船

上的各种行为从总体上进行监视、统筹管理、下达指令等。

1751 年 5 月 22 日，这艘船装载着 156 名奴隶出发了，7 月 3 日抵达了目的地安提瓜。在中央航路途中共计 10 名奴隶死亡。遇到这种情况，船员会将死亡的奴隶扔下船，并在航海日志中对其编号进行记录。登陆安提瓜时，牛顿在船上最信赖的船医罗伯特·阿萨（Robert Arthur）因感染热病去世。他在写给新婚妻子玛丽的信中表达了痛失船医的悲伤之情。

8 月 13 日，该船从安提瓜出发返回利物浦。这次返航也凶险万分，船舶在大西洋上遭遇了好几次暴风雨，加之船身老旧，随时都有可能船破人亡。奴隶船好不容易通过爱尔兰岛南端，于 10 月 8 日抵达利物浦。

从出发到返航共计耗时 14 个月。通过这次航海，牛顿获得了 257 英镑的报酬，是水手报酬的 10 倍以上。奴隶贸易对船长而言也是一项非常赚钱的行当。

船主曼尼斯提对这次成功的航海非常满意，又给牛顿安排了下一项任务。这次不是老旧船只，而是新造的"非洲号"（African）。1752 年 6 月 30 日，牛顿从利物浦出发，8 月中旬到达塞拉利昂的海岸后着手购买奴隶。这次牛顿也预先设想好了想要获取奴隶的"品质"和价格，对不符合条件的奴隶不予购买。

此次航海船员也出了些问题。有两名船员盗取小船逃走了，且与上次航海一样，接二连三地有船员感染疾病，不过，在非洲海岸死亡的船员仅有 1 人。其间，牛顿收到曼尼斯提的来信，信中指示，航行的目的地由先前的安提瓜改为圣基茨岛。牛顿虽然有些意外，但当时有许多船舶往来非洲，因此这样的信件的确可以频繁传递。牛顿写给妻子玛丽的信也可以从非洲或其他地方送往英国。

随着奴隶人数的增多，对监管体制的强化势在必行。船员在海岸上进行交易时，船上会陷入人手不足的状态。奴隶们为了伺机逃走或反抗，会一直寻找监管不严的时机。1752 年 12 月初，牛顿事先察觉到了奴隶们的"叛乱"计划，因为他们藏匿了一些小刀、石头、弹丸、凿子等东西。为了让他们交代叛乱的全部计划，牛顿将少年奴隶们用螺丝锁锁住。另外，船员中也有一些反叛者。针对这些人，牛顿立刻将他们赶下了船，将他们押送到了英国海军的军舰上才消除风险。

如前所述，18 世纪是大西洋奴隶贸易的鼎盛期。在这一时期里，欧洲各国的众多奴隶船出现在非洲的贸易据点，奴隶交易竞争异常激烈。到了 1753 年 3 月，牛顿获取的奴隶人数仍然没有达到预期，于是给玛丽寄了一封表达气馁的信："我已经在沿岸待了近七个月，仍无法判断什么时候可以离开，我不得不预想这次航海最后可能会宣告失败。"他每天都靠与全能的神进行精神交流，以及频繁地给深爱的妻子写信来获得精神安慰。

一个月后的 4 月 26 日，他们终于出发驶向圣基茨岛。虽说在中央航路上较为顺利，但是装载的 207 名奴隶在卸载时却只剩下 167 人，死亡率达 19%，这在当时是相当高的。最初船员有 26 人，从非洲沿岸出发时变成 22 人，中央航路途中又死亡 1 人。好在圣基茨岛上的奴隶贩卖进展得比较顺利，至 6 月 20 日已全部卖空。他将这些事情也通过书信详细地告诉了玛丽。这次航海从结果上看也算获利颇丰，牛顿获得了 247 英镑的报酬。

水手的调配

如果说在实际操纵奴隶船的人中地位最高的是船长，那么其次便是船医、大副、二副、甲板长、厨师长，再次是遵照他们指示工作的水手们，船员中约 2/3 是普通水手。

奴隶船上的劳动非常辛苦，薪资又没有那么高，还时常面临着生命危险，因此募集水手的难度可想而知。18 世纪初，水手的薪资在和平时期为每月 40 先令①，战争时期为每月 60—70 先令。按年收入来看，和平时期约为 24 英镑。那么，奴隶商人和船长是如何募集水手的呢？从奴隶船实际上就是一种"监狱船"这个角度来看，水手最初登上奴隶船时便必须抱有自身不免会身陷囹圄的觉悟，当然也有可能在觉悟之前就被强制登船。

也有人想成为水手，主动登上奴隶船。不过，这些人往

---

① 先令（Shilling），英国的旧辅币单位，符号为"/-"。1 英镑 =20 先令，1 先令 =12 便士，在 1971 年英国货币改革时被废除。先令也是奥地利的旧货币单位和肯尼亚、索马里、乌干达、坦桑尼亚的货币单位。

往是无知的年轻人，在对奴隶船上的工作一无所知的情况下就签了契约书。还有一些人，经常在酒场闹事，多次出入监狱，最后也上了奴隶船。更普遍的情况是，一些人在旅店、酒馆欠下许多钱，为了还债而登上奴隶船。因此，水手本身便是一种债务奴隶，或者是被奴隶商人及船长暗中捣鬼而陷入穷途末路之人。总之，他们可谓是一些最为贫穷的劳动者或流浪者。

水手的出身非常复杂，即便都是英国人，还分威尔士人、苏格兰人、爱尔兰人。也有来自欧洲大陆的葡萄牙人、瑞典人、丹麦人、意大利人，或者来自亚洲的孟加拉国人等。此外，来自北美殖民地的水手也不在少数。

非洲出身的水手也很多。例如，1780 年 10 月从利物浦出航的奴隶船"霍克号"（Hawke）在利物浦募集了水手和其他船员后，驶向黄金海岸和喀麦隆河，在那里获取了 412 名奴隶，中央航路途中死亡 35 人，在圣卢西亚卸载了 377 人。船员最初有 42 人，其中 10 人死亡。因此，该船在黄金海岸又雇用了 6 名水手，均是芳蒂族人（Fante）。

根据艾玛·克里斯托弗（Emma Christopher）的描述 ①，1785 年 8 月，从美国弗吉尼亚州的诺福克出发，驶向非洲的奴隶船"阿米蒂号"（Amity）上爆发了水手"叛乱"。这次"叛乱"与名为迪克（Dick）和威尔（Will）的两名奴隶有关。他们俩是船长詹姆斯·邓卡森（James Duncason）的奴

---

① 参考 Emma Christopher, *Slave Ship Sailors and Their Captive Cargoes 1730—1807*, New York: Cambridge University Press 2006。

隶，以水手的身份在船上工作。"叛乱"的主谋是一位名为理查德·斯奎尔（Richard Squire）的英国水手，参与者除了出身波士顿的穆拉托人①（黑人及白人的混血）斯图亚特（Stuart）和两名爱尔兰人以外，还有美洲土著（印第安人）以及亚洲人。

参与叛乱的水手来自天南海北，不过最终还是被镇压了下去。船舶按照预定计划驶向非洲，获取了 107 名奴隶（其中 8 人死于中央航路途中）后，前往圣基茨岛贩卖。

水手的工作

接下来，我们来聊聊水手在奴隶船上的具体工作。

在奴隶贸易的第一边即从欧洲的港口出发驶向非洲的过程中，水手的工作与在其他种类航海中的工作并无太多区别。早上 8 点到晚上 6 点，在甲板上遵从船长和大副的指示，循规蹈矩地完成工作，晚上则轮班警戒，通过扬帆、收帆、叠帆来控制航行。如果硬要说奴隶船的专属工作，那便是设有武装监视，警戒其他国家的奴隶船或海军的动向。此外，还必须准备一些轻型武器、旋转炮等，以及为防止买来的奴隶逃亡或自杀而进行的编网工作。船舶靠近非洲时，水手还要下到船舱或下甲板卸载商品。

---

① Mulatto，血统分类上的习惯名称，主要分布于非洲、北美洲、南美洲及加勒比海一带。欧洲前殖民国家境内及欧洲海外省、海外领地亦有分布。

当接近非洲海岸开始奴隶交易时，水手的工作量就会剧增，工作内容也会发生变化。选定奴隶贸易的据点、抛锚、使用高低桅小帆船或长板船在奴隶船与海岸之间往返、会集奴隶。如果交易不能按预期顺利进行，还必须将船开到其他的贸易据点。如前文中约翰·牛顿进行奴隶贸易的具体情形那样，为了获取预期的奴隶人数，有时需要在非洲海岸停留半年甚至更久。在此期间，水手必须建造一个覆盖主甲板的船顶，以便遮挡热带强烈的日光照射。

当获取奴隶后开始装载上船时，水手们需要将男性奴隶两人一组铐上手铐和脚镣，即一名奴隶的右手腕、右脚与另一名奴隶的左手腕、左脚锁在一起。奴隶们的人数增加，水手们的工作量便随之增加。他们必须监视奴隶，同时也必须照顾奴隶们的日常生活，每天一次将奴隶们赶到主甲板上，强制其随着音乐跳舞；给奴隶们分发食物和水，还要处理其排泄问题。处理奴隶们排泄用的桶，是水手们最讨厌的工作，同时他们还必须为驶向中央航路开展预先演习。

水手们讨厌的另一项工作是夜晚在下甲板上监视睡着的男性奴隶。因为奴隶们会在夜晚商量叛乱计划，并付诸实施。为了阻止这一情况的发生，水手们必须每四个小时轮班看守。有些奴隶睡不着觉，因思念故乡而哭泣，也有些奴隶碰撞手铐、脚镣发出咔嗒咔嗒的声响。非洲出身的水手有时会和同乡的奴隶交谈，诉说自己的身世，但也会鞭打反抗的奴隶。奴隶船上可以使用暴力手段的只有船长、领航员、船医等高级船员，水手们只有在接到上级命令时才可以使用猫鞭。

当奴隶船接近目的地时，水手们必须为贩卖奴隶提前做好准备。除去奴隶们的手铐和脚镣，以便使其在漫长航行中受的伤得以愈合。此外，还要为奴隶们清洗身体、剃毛发、清洁等，最后涂上椰子油，使其看起来卖相更好。在饮食方面还会增加一些腌肉，让奴隶们尽可能地恢复体重。这些都是为提高作为"商品"的奴隶的价值而采取的手段。

水手的最终命运

如前所述，奴隶贸易中水手的死亡率与奴隶相当，甚至超过奴隶。因为在非洲沿岸停留半年以上，遵从船长和领航员的命令实际从事奴隶交易的是水手们，他们与当地的商人及奴隶直接接触的机会很多。水手们在非洲沿岸的死亡原因主要是疟疾及黄热病等以蚊虫为媒介的热病。此外，在中央航路途中，当痢疾、天花等传染病在奴隶间蔓延时，水手或其他船员也有可能被感染。

从非洲沿岸至中央航路，水手们的劳动环境异常恶劣，因此在体力消耗过度的情况下，感染疾病的概率也很高。还有因奴隶"叛乱"而受伤，或者受到来自船长及领航员的暴力惩罚而导致死亡的情况。

接下来，结束中央航路抵达目的地后，依然有灾难在等待着水手们。将奴隶卸载下船贩卖完毕后，奴隶船会返回母国的港口。在三角贸易的第三边，水手们的工作量大幅度减少。例如，当初有 30 名水手，在三角贸易的第一、第二边时，他们都是不可或缺的，但到了第三边，其中一半以上的水手都变成了闲置劳动力。从出发到中央航路结束，这段时间会有若干名水手死亡，也会有一些水手选择留在当地，但多数水手还是希望返回母国，将辛苦赚来的工钱交给家人。

然而，对船长而言，携带闲置人员回国无异于浪费成本，于是便会用尽各种手段不让他们回国。在即将驶出中央航路之际，船长会与领航员勾结，开始采用极端残酷的手段折磨水手，以莫须有的罪名鞭打他们，并限制他们的饮食。在这样的境遇之下，许多水手健康状态恶化、饱受皮肤病或溃疡折磨，被赶下船的水手无力谋生，不得不依靠乞食生活。1790 年，英国议会正式对"许多船长都欲将船员当作累赘甩掉，对待他们极其残酷"的现象提出了批判。17 世纪至 18 世纪，奴隶的死亡率逐渐下降，但船员的死亡率却没怎么降低。克拉克森的调查结果显示，1786—1787 年从利物浦出发的奴隶船中共有船员 317 人，其中返回的船员仅占 45%，确认死亡的占 20%，在非洲或南北美洲消失的占 35%。最后的数值颇耐人寻味，想必其中既包括在非洲沿岸逃亡，或是自己主动下船的船员，也包括被打死后丢弃的船员。

四、奴隶商人与代理商——奴隶船的幕后推手

奴隶商人达文波特

18 世纪后期，英国乃至欧洲最大的奴隶贸易港口便是前文多次提及的利物浦港。根据肯尼斯·摩根的研究 ①，利物浦的奴隶商人在 1750 年投资了 20 万英镑用于奴隶贸易，1800年投资额达到 100 万英镑以上。此外，在英国开始禁止奴隶贸易的 1807 年，仅利物浦就有 264.12 万英镑流入了奴隶贸易这个行业。据估算，利物浦的奴隶船运送奴隶总人数在 117 万人以上。

奴隶商人将自己拥有或租赁来的奴隶船进行舾装，雇用船长和船员，备齐交换奴隶所用的商品，缴纳关税，购买保险。换

---

① Kenneth Morgan, "Liverpool's Dominance in the British Slave Trade, 1740-1807", Liverpool and Transatlantic Slavery, Edited by David Richardson, Suzanne Schwarz and Anthony Tibbles, Liverpool U.P., 2007。

而言之，奴隶商人就是组织整个奴隶贸易，并对此投资的人。

大卫·波普的研究① 结果显示，1750—1799 年，在利物浦有超过 1350 名奴隶贸易投资者。他们中绝大多数是小规模投资者，通常投资一两次后就退出了奴隶贸易行业。波普进一步提取 18 世纪后半期利物浦奴隶商人中的 201 名核心人员，对其姓名、奴隶贸易的投资次数、财产等进行了分析。

其中有一名处于核心地位的奴隶商人名叫威廉·达文波特（William Davenport，1725—1797 年）。

长泽势理香较为关注达文波特，曾对其投资的奴隶船"霍克号"（Hawke）的三次航海进行分析。研究结果显示，达文波特一生共拥有 70 艘奴隶船，投资奴隶贸易总计约 160 次，投资总额达 12 万英镑。除了奴隶贸易，他还从事象牙、砂糖、烟草及串珠的贸易，不过事业重心在奴隶贸易上。其中，他于 1779 年、1780 年、1781 年使用"霍克号"进行奴隶贸易的收支情况被详细记录了下来。

"霍克号"的第一次航海开始于 1779 年 6 月 6 日，船长为约翰·斯梅尔（John Smale），船员共计 42 名，在比夫拉湾的喀麦隆河附近获取奴隶 402 人，于 1780 年 2 月 17 日抵达牙买加的金斯敦，中央航路途中死亡 34 人，同年 7 月 24 日该船返回利物浦。

---

① David Pope, "The Wealth and Social Aspirations of Liverpool's Slave Merchants of the Second Half of the Eighteenth Century", Liverpool and Transatlantic Slavery, Edited by David Richardson, Suzanne Schwarz and Anthony Tibbles, Liverpool U.P., 2007.

表 9 "霍克号"首航收支情况表

（单位：英镑）

支出项目	金额	收入项目	金额
船体和舾装	2430	368 名奴隶的销售额	9,909
装载货物	3282	象牙的销售额	2697
明细：串珠	1351	运送货物的收益	801
纺织品	228		
黄铜	507	船体和舾装的估值	1000
铁器	486		
衣物	135		
武器	151		
酒类	110		
玻璃器皿、陶瓷器	96		
刀	54		
食品、杂货	164		
船员薪资、伙食费	1074		
私掠许可证	34		
关税	142		
杂费	103		
合计	10347	合计	14,407

资料出处：長澤勢理香『18 世紀後半におけるイギリス奴隷貿易の支払手段およびその重要性』（同志社大学·学位論文）21 頁。
注：先令以下的数额省略不计。

这次航海的收支情况如表 9 所示。在支出方面，首先是船体和舾装费用 2430 英镑，用于交换奴隶的货物费用是 3282 英镑。装载的货物中最多的是串珠，价值 1351 英镑。达文波特为了交换奴隶从威尼斯进口了大量串珠，威尼斯自中世纪以来玻璃工艺繁荣发展，串珠曾是其主要出口商品之一。这种东西作为装饰品在非洲颇受青睐。除此之外，还有纺织品（大抵是棉织品）、黄铜、铁器、武器、衣物、酒类、食品及杂货，等等。船员的薪资和伙食费是 1074 英镑，其中也包括船长的报酬。

颇有趣的是"私掠许可证"^①这一项。它是一种在战争状态下可以缴获敌国如法国船舶的许可证，是政府公认的一种海盗行为，奴隶船也可以私自进行掠夺活动。当然，反过来，法国的奴隶船也被法国政府承认具有同样的权利。

在收入方面，368 名奴隶的销售额是 9909 英镑，象牙的销售额是 2697 英镑，加上其他收入共计 14407 英镑，除去支出后的差额为 7342 英镑，利润率超过 100%。

"霍克号"于 1780 年 10 月 28 日从利物浦出发，开始了第二次航海。翌年 9 月 20 日返航。获取奴隶的目的地与第一次航海相同，但贩卖奴隶的地点是在圣卢西亚，购入奴隶 412 名，卖出 377 名。这次航海特别值得一提的是，"霍克号"从圣卢西亚返回利物浦的途中缴获了法国船舶"吉安·艾米莉亚号"（Jeune Emilia），返回后卖了约 3700 英镑。此外，"霍

---

① 16—19 世纪间，西方许多海权强国授权给指定的航海家，允许他们可以针对本国以外的违法人士、船只进行追捕、摧毁等私掠行为的一种特许证或委任状。除了上述权利之外，私掠许可证常常还强调允许攻击、掠夺战争期间敌国的商船甚至人员，并可将所得财物拍卖等更大的权限。拥有私掠许可证的船队称为私掠船。——译者注

克号"还在圣卢西亚购入了砂糖、咖啡等殖民地物产带回母国销售。这次航海的利润近 9000 英镑。

然而，"霍克号"的第三次航海（1781 年 12 月 7 日出航），却在装载奴隶前反被法国船缴获，损失约达 6291 英镑。

这一案例表明，奴隶贸易是一项危险重重的事。顺利的话可以获得 100% 左右的利润，但也常常伴有被敌船缴获的危险，战争时期更是如此。此外，如前所述，船上常有爆发奴隶"叛乱"的风险，也可能遭遇暴风雨。每次航海所需成本为6000—7000 英镑，因此，通常情况下，一次出海不会由一名奴隶商人负担所有费用，而是几个人共同分担。换而言之，奴隶商人们每次航海都会组成一个团队，共同出资，当然也按照出资比例分配利润。

奴隶商人的财富

依据前文提到的波普的研究，我们试着从多角度勾勒利物浦这 201 名主要奴隶商人的群体像。

在这 201 名奴隶商人中，其父辈职业已知的有 130 人。这些父父辈或是拥有若干财产，或是贸易从业者抑或手工业者。有108 人为被雇用者，其中 80 人是船长，再其中有 71 人是奴隶船的船长。剩余的 28 人是造船匠、制桶匠、制帆匠、配管工等手工业者，并没有穷苦劳动者出身的。奴隶商人大多有着相对较好的家世背景，而无论社会经济背景如何，可以确定的是他们的后辈都从奴隶贸易投资中获得并积累了财富，提升了生活品质。

此外，我们知晓了这 201 名奴隶商人中 94 人的遗产状况，金额在 1000—9999 英镑之间的有 52 人（55.3%），他们构成了利物浦奴隶商人的中间阶层。遗产在 3 万英镑以上的有 9 人（9.6%），其中包括约翰·波顿（John Bolton，近 18 万英镑）、托马斯·厄尔（Thomas Earle，近 7 万英镑）、托马斯·莱兰（Thomas Leyland，近 60 万英镑）、威廉·保罗（William Pole，近 8 万英镑）等巨商。

奴隶商人的生活圈有一个共同特点，即他们结婚普遍较晚。在已知结婚年龄的 139 名奴隶商人中，半数左右是在 29 岁以后才结婚。之所以如此，是因为这些奴隶商人中有四成曾经是船长。船长的经历，让他们积累一定的财富，并将之投到奴隶贸易中赚取更多的利润需要一个过程，这段时间内他们没有精力考虑成家的事。

那么，他们是如何使用这些赚来的财富的呢？

詹姆斯·格雷格森（James Gregson）是中间阶层奴隶商人中的一员，遗产为 3654 英镑。他从利物浦的中心区移居郊外，置办了宅邸，即投资了不动产，并修建了图书室和酒窖。想必他追求的是绅士般的生活方式。居住在各式各样家具及日用品一应俱全的郊外宅邸，是当时奴隶商人们的普遍愿望。换言之，通过奴隶贸易这样残酷的事业赚取财富是为了追求绅士般的生活。

另一个重要的用途是对子女教育的投资。201 名奴隶商人

生育的子女人数共计 914 人（男性 439 人、女性 475 人），21
岁前死亡的有 262 人（28.7%）。已知晓职业的男性（子女）有
203 人，其中 101 人从商，49 人从事律师、圣职人员、将校军官
等专门职业，16 人为地主，剩下的 37 人则继承了父辈的事业。

耐人寻味的是，他们当中毕业于剑桥大学的有 19 人，牛
津大学的有 22 人。可以说，他们都接受过绅士般的教育。这
些毕业于牛津、剑桥的奴隶商人子弟的职业，主要集中在从商
和专门职业中。由此可以看出，通过奴隶贸易积累的财富流入
绅士教育，成为在英国社会中地位得以提升的契机。

不过，并非所有奴隶商人都取得了成功，破产的奴隶商
人至少有 10 人。此外，提升社会地位有时也不能只依赖于奴
隶贸易，例如，丹尼尔·巴克豪斯（Daniel Backhouse）通过
利物浦和西印度群岛之间的贸易获取财富，托马斯·厄尔家族
通过与意大利之间的贸易赚取利润，海伍德家族（Heywood）
则转行至金融行业。

奴隶贩卖代理商与佣金代理商

18 世纪后半期，在金钱的融通方面支撑利物浦奴隶贸易
的是佣金代理商。

正如本书第一章所述，三角贸易模式的奴隶贸易逐渐发生
了变化，在这一时期里三角贸易的第一、二边与第三边分离，
奴隶船在贩卖完奴隶后几乎不再装载砂糖等殖民地物产，而是

装好压舱物后直接返航。殖民地物产通过与母国之间的定期往返贸易运往英国。与 100—200 吨标准载重的奴隶船相比，定期往返贸易船是载重可达 400—500 吨的大型船舶，能够更高效地运送殖民地物产。不过，也有一些奴隶船像"霍克号"那样，返航时多少装载一些砂糖等物产，通过差价赚取利润。

这种交易模式形成之后，必然会衍生出一种新型支付手段以代替殖民地物产，即票据。开票方是被称为"奴隶贩卖代理商"的中间商，他们居住在殖民地，从奴隶船船长手中购买奴隶后，以开具汇票的形式支付货款，再将购入的奴隶卖给种植园主。船长将汇票带回母国后，交给佣金代理商进行承兑。这些佣金代理商大多居住在伦敦。

前文中长泽指出，通过达文波特的史料，可以对奴隶贩卖代理商与佣金代理商所扮演的角色窥知一二。奴隶贩卖代理商游走于利物浦奴隶商人与殖民地种植园主之间，提供服务促使奴隶贸易顺利进行。汇票开具方的主体并非种植园主，而是他们这些奴隶贩卖代理商。

这些奴隶贩卖代理商还会在当地一手承揽奴隶拍卖活动。尤其重要的是，他们会将当地的状况，即奴隶的需求和实时价格等信息转达给奴隶商人。奴隶商人基于这些信息来选定奴隶的贩卖对象。在那个时代，大西洋上众多往来航行的船舶传递着五花八门的信息，就像前文约翰·牛顿案例中所讲述的那样。

关于佣金代理商的历史，可以追溯到 17 世纪 70 年代。当时巴巴多斯的甘蔗种植园主购买奴隶，其支付方式是使用汇票，为了兑换票据还在伦敦专门设立了票据承兑行（代理店），这便是最早的佣金代理业务。后来，其他英属西印度群岛也效仿此法，使用汇票的方式由此逐渐开始普及。

当时是由种植园主直接开具汇票，但进入 18 世纪后，由奴隶贩卖代理商开具汇票的情况与日俱增。从皇家非洲公司垄断英国奴隶贸易的时代，进入以布里斯托和利物浦为据点的独立贸易商人活跃的时代，上述汇票使用情况的变化恰好与这一时代的转变相吻合。

佣金代理商承接以下三种业务。第一，代替甘蔗种植园主向母国出口砂糖的砂糖委托业务。佣金代理商提供的服务包括安排货运的船只、办理船只及所载货物的保险、缴纳关税、货物进仓库后的保管、引荐砂糖中间商等，有时也会直接负责砂糖的销售。

第二，根据种植园主的要求提供各种服务，例如，筹备在西印度群岛无法获得的英国制品、招募种植园所需的各种人才，即白人契约劳工、各种工匠、教育及照料到伦敦留学的种植园主子弟等。

第三，承兑、支付奴隶贸易时开具的汇票。对上述所有服务，种植园主都须支付委托服务费。

奴隶贩卖代理商将汇票的到期日分成若干次，如设定为 3 个月、6 个月、9 个月、12 个月等多个支付期限，并按这些期限开具汇票。如此一来，便可以将巨额的费用分期支付。奴隶贸易的汇票可以按照出资比率分配面额，并分别开具给相应的奴隶商人。另外，每次航海由多个投资者共同出资的奴隶贸易会选出一位"船东代表"①，全面指挥并执行该次航海的一切事宜。

长泽的研究结果显示，达文波特的奴隶汇票承兑金额占伦敦所有在住奴隶贸易从业者的六成左右，可以说所占比例是压倒性的。而从汇票张数来看，比伦敦在住奴隶贸易从业者的总数少了些许，但与利物浦在住从业者的总数相比仍占据相当大的比重。利物浦的情况是，奴隶商人自身成为汇票承兑业务的从业者。顺便说一下，他们承兑的金额占到了奴隶贸易总金额的 13%。

伦敦汇票承兑业务从业者的特征已为人所知，即他们大多与金融机构、保险公司、西印度公司等紧密相关。此外，胡格诺派、爱尔兰派、苏格兰派等信仰特定宗教或出身特定民族的承兑业务从业者也包含其中。例如，威廉·贝克福德（William Beckford）既是西印度公司的经营者，同时也是下院②议员。

这些人在议会讨论禁止奴隶贸易法案时，摆开论阵全面反对。本书第三章中，我们会以英国为中心，对始于 18 世纪后半期的废奴运动动向展开讨论。

---

① ship's husband，在船舶共有人中选任的、代表全体共有人，并为他们的共同利益在船籍港负责管理船舶的人，有权就船舶的供应、维修、设备以及雇用船员等事务签订合同。

② 下议院又称下院，是一些国家两院制议会的组成部分。其源于英国的平民院，后来为许多资本主义国家所采用，但称谓各不相同，有的国家称"众议院"（如美国等），有的国家称"国民议会"（如法国国民议会），而荷兰则称"第二院"。

第三章

走上禁止奴隶贸易之路

一、从萨默塞特案开始

在英黑人

在 18 世纪后半期的英国，奴隶船扬帆驶向非洲沿岸进入了高潮期，同时，反对奴隶贸易和奴隶制的运动也在悄然进行中。废奴运动的契机便是 1772 年萨默塞特案的判决。

1769 年 11 月，一个名为斯图尔特（Stewart）的人在北美殖民地弗吉尼亚购买了一名叫萨默塞特（James Sommersett）的奴隶，将其带回英国。1771 年 10 月初，萨默塞特在伦敦逃脱，11 月末又被抓了回去。斯图尔特打算将他卖到牙买加做奴隶，遂将此事托付给驶向牙买加的奴隶船船长。但是萨默塞特的支援者将他被锁在船上的事情上告上法庭，并申请到了人身保护令。于是，围绕对萨默塞特的处置，历史上著名的审判拉开了序幕。

那么，像萨默塞特这样的在英黑人，在英国社会中是如何被看待的呢？18世纪画家威廉·贺加斯（William Hogarth）绘画作品的研究者大卫·达比丁（David Dabydeen）在其著作①中曾提到在英黑人的情况。例如，据1723年4月5日《每日新闻报》（*Daily Journal*）报道："每天都有大批黑人进入这座城市（伦敦），因此，如果不禁止他们流入的话，这座城市很快就会被塞满。"

贺加斯的版画作品中有形形色色的黑人登场，他们体现了这些版画在图像学上的意义，并在其中扮演着重要角色。例如，在《沃拉斯顿一家》（*The Wollaston Family*）中，小心谨慎地退缩在后景中的黑人仆役，与上流家庭其乐融融的快乐样子形成鲜明对比（插图中有些难以辨认，但左侧背景中隐约有黑人的身影）。列席者中有英格兰银行行长的女儿、皇家证券交易所负责人以及后来的英国南海公司理事等人，显示出该家族的财富与殖民地的商业利益。另一方面，黑人扮演的只是黑影的角色，使得这些被光芒照耀之人更加凸显。

另一幅作品《兔》中，贩卖兔子的黑人形象尤为显眼。贵妇人向黑人抱怨："哎呀，好臭，这兔子果然不新鲜啊。"对此，黑人回答："夫人，您这样说就太不公平了吧。如果黑人抓住您的脚，把您吊起来，您也会变臭的。"如此机智的应答，显示出这名黑人是个卖兔子的能手。17—18世纪，在英黑人的职业有仆人、马车夫、服务员、士兵、水手、演奏者、

---

① Dabydeen, David. *Hogarth's blacks: images of blacks in eighteenth century English art.* Manchester University Press, 1987.

女演员、妓女、乞丐、路边小贩等，不一而足。

平田雅博对《伦敦公报》（*The London Gazette*）的新闻广告栏甚感兴趣，该栏目介绍了 17 世纪后半期至 18 世纪初的逃亡黑人事例。例如，在 1686 年 9 月的报道中，一名 15 岁左右的黑人少年在汤布里奇被发现，他或许是从主人身边逃走的，目前在托马斯·杰森（Thomas Jeanson）的家中，若所有者需要，可将其领回。另一个案例是 1701 年 10 月及 11 月的报道：一个名为史蒂芬（Stephen）大约 20 岁且操着一口流利英语的黑人男性奴隶，8 月从背风群岛运达伦敦，10 月出逃后，没多久就被带回主人面前，但 11 月他再度出逃。

在这类事例中非洲裔黑人登场的可能性比较高，不过也有印度裔黑人。据 1690 年 4 月的报道记载，在伦敦近郊的切尔西发现了一名 12 岁左右的印度裔黑人少年，脖子上套着刻有洛普·高斯布洛（Lob Goldsbrough，主人的名字）字样的项圈。

在此介绍的事例均发生于 18 世纪初以前。在英黑人的人数自 17 世纪后半期开始逐渐增多，与大英帝国的扩张同步，其主体仍是非洲裔黑人，他们的主人职业及身份多为船长、将校、贵族、外科医生、法官等专职人员。

关于 18 世纪在英黑人的规模，布雷德伍德（S. Braidwood）推测有近 15000 人，迈尔斯（N. Myers）回顾了相关研究后也支持这一说法，并得出了其中在伦敦的黑人人口达 5000 人以上的结论。

曼斯菲尔德的判决

再次回到萨默塞特案这一话题。该案从 1771 年到 1772 年在御座法庭①进行审判，其争议点在于英格兰是否承认奴隶的存在，这是一场备受世人关注的审判。森建资对审判过程进行了细致而深入的探究，下面我们就根据他的整理来看看这次审判的经过吧。

萨默塞特一方的辩护律师哈格雷夫（Hargrave）认为，在英格兰的传统法律体系中，农奴是唯一被承认具有隶属身份的存在。但农奴制已经被彻底取缔，因而奴隶制也不复存在。依据当时的历史观，随着农奴制的衰退，他们已经恢复了自由的英国人身份。

此外，哈格雷夫根据《雇用契约法》主张，雇主（主人）没有权力体罚雇用劳动者（仆人），也没有权力将其转让给他人。他给出以下四点"奴隶"的定义：第一，奴隶必须提供半永久性的劳动，附带的是奴隶主可以对其进行体罚；第二，奴隶不能为自己获取利益；第三，奴隶主可以让渡奴隶的身体；第四，子女必须继承父母的奴隶身份。因此哈格雷夫认为，从这一定义来看，雇用劳动者与奴隶处于完全相反的两端。这里需要注意的是，他将传统意义上广泛包含仆人、奴隶等在内的"仆人"（Servant）概念仅限定在自由劳动下的雇用劳动者。

① Queen's Bench ，1875 年司法改革之前英格兰的三个普通法中央法庭之一，另两个是民诉法庭（Court of Common Pleas、Common Bench）和财税法庭（Court of Exchequer）。

　　基于上述理由，哈格雷夫断言英格兰不存在奴隶，黑人奴隶有权利自由出入英格兰。顺便一提，极为关心在英黑人问题，后来成为禁止奴隶贸易及废除奴隶制运动主导者之一的格兰维尔·夏普（Granville Sharpe）（如图 3-1）从最初就关注了该事件，并一直作为哈格雷夫观点的强有力后援。

图 3-1　格兰维尔·夏普

资料出处：*Memoirs of Granville Sharpe*, 1820 年。

　　对此，斯图尔特一方的辩护律师邓宁（Dunning）一开始先做出了让步，表示萨默塞特在英格兰期间并非奴隶。然而，他又主张斯图尔特和萨默塞特之间的主仆关系仍然存在，后者必须听从前者的命令。邓宁与哈格雷夫正相反，他沿用传统意义上的看法，拓展"仆人"的概念，认为主人接受仆人劳动的权利应给予保障，与之相关的私人制裁权也须给予承认。因此，邓宁主张，斯图尔特有权对萨默塞特行使相关权利。

双方主张交锋后，首席审判长曼斯菲尔德（Mansfield）认为，英格兰法律不认可抓捕萨默塞特并将之卖到海外的行为，并做出了释放萨默塞特的判决。

事实上，这一判决仅宣布了释放萨默塞特，并未否认英格兰存在奴隶。不过，由于判决之后萨默塞特获得释放，一般民众认为法院明确否定了英格兰存在的奴隶制。例如，判决后第二天的新闻报道说：判决已下，被带到英格兰的奴隶们的自由指日可待。

曼斯菲尔德法官后来在1787年虽然有意将判决的主旨引向原本之义，但误解并未消除。这一误解发展成了一种神话，在当时的英国社会里，一股否定奴隶存在的风潮持续升温发酵。

奴隶船"宗号"事件

点燃禁止奴隶贸易运动星星之火的另一个事件，是1781年爆发的奴隶船"宗号"事件。

1781年3月5日，船长卢克·科林伍德（Luke Collingwood）率领奴隶船"宗号"（Zong，排水量107吨），与20名船员一起从利物浦港出发，驶向黄金海岸。抵达非洲的日期不明，但同年9月6日，该船塞满440名奴隶前往牙买加。途中传染病开始蔓延，导致60名奴隶和2名船员死亡。由于奴隶船已经购买过保险，于是担心传染病进一步扩散的船长表示："如果奴隶自然死亡，损失的是船主。但如果将活着的奴隶扔进大海，损失的就是保险公司。"

船员中虽然也有人反对，但还是遵照了科林伍德的命令。当天傍晚，水手们将 54 名奴隶的双手捆住，然后抛入大海。两天后又扔下 42 人，其后不久再次扔下 26 人。目睹这一恐怖场面后，有 10 名奴隶主动投海自杀。据说，这 10 名奴隶是怀着"喜悦之情"跳进了海里。

那一次，死亡的奴隶总数多达 192 人，根据 TSTD2 中记录，"宗号"在牙买加卸载的奴隶人数是 208 人，如果这一数值无误的话，在中央航路途中死亡的奴隶人数则为 232 人，又多出 40 人，死亡率为 53%，这即使在大西洋奴隶贸易史上也是极为罕见的高死亡率，毫无疑问，这是一起将奴隶船之恐怖推向极致的事件。船长试图将自己的行为正当化，谎称是因为饮用水不足。

该事件于返回利物浦后的 1782 年被审理，因为保险公司拒绝支付保险赔偿金，船主将其告上了御座法庭，审判长还是曼斯菲尔德法官。这时恰好是本书第二章提及的奥拉达·艾奎亚诺、夏普等人想要发起废奴运动的时期。他们谴责将活着的奴隶抛入大海，明显是一种杀人行为，主张奴隶船船长并不具有对非洲人犯下杀人罪却不被问罪的权利。

审判的最终结果是原告败诉，保险公司不必支付保险赔偿金。更为重要的是，这一事件超越民事审判的范畴，成为世人知晓奴隶贸易是何等残酷的契机。后来，画家约瑟夫·透纳（Joseph Turner）于 1840 年以该事件为题材创作了《奴隶船》（*The Slave Ship*[①]，如图 3-2）。巧合的是，同年反奴隶制协会（Anti-Slavery Society，参考本书第四章）主办的首届反奴隶制国际会议正计划在伦敦召开。

图 3-2　透纳作品《奴隶船》（1840 年，现藏于美国波士顿美术馆）

---

① 全名：*Slavers Throwing overboard the Dead and Dying—Typhon coming on.*

二、拉开废奴运动的序幕
——贵格会教徒与英国国教会福音派

废除奴隶贸易协会

经过萨默塞特案和奴隶船"宗号"等事件，在英黑人问题及奴隶贸易的悲惨状况逐渐走进公众视野。此外，随着美利坚合众国的独立，大英帝国的危机悄然来临。在以此为背景的 18 世纪 80 年代，废奴运动进入了活跃期。该运动的关键点之一即 1787 年 5 月 22 日在伦敦成立的"废除奴隶贸易协会"（以下称"伦敦协会"）。

伦敦协会的组成成员最初有 12 人，其中 9 人是非国教会派的贵格会教徒，其余 3 人为国教会福音派（后来被称为克拉珀姆教派①）。贵格会教徒中有约瑟夫·伍兹（Joseph

---

① Clapham Sect，克拉珀姆当时是伦敦南部的一个村庄。18 世纪 80 年代至 19 世纪 40 年代期间与克拉珀姆有关的一群社会改革者被称为克拉珀姆教派。尽管被贴上了"教派"的标签，但大多数成员仍留在英格兰教会中，与国家办公室高度交织在一起。

Woods）、詹姆斯·菲利浦斯（James Phillips）、小塞缪尔·霍尔·茱尼亚（Samuel Hoare Junior）等，国教会福音派中有前文提过的格兰维尔·夏普、托马斯·克拉克森（如图3-3）等人。

图3-3　托马斯·克拉克森（卡尔·弗雷德里克·冯·布雷达[①]的作品，
1788年，现藏于英国国家肖像馆）

伦敦协会推举夏普为首任议长，霍尔18世纪60年代起经历了萨默塞特案，对在英黑人问题抱有深切关注，并以解放奴隶即废除奴隶制本身为坚定不移的信条。但是协会却认为废除奴隶制与私有财产权相抵牾，短期内难以实现，因而将禁止奴

---

① 卡尔·弗雷德里克·布雷达，Carl Frederik von Breda，瑞典画家，专门从事肖像画，经常被称为"瑞典范戴克"。

隶贸易设定为当前的运动目标。

尽管同为废奴运动，但究竟禁止奴隶贸易与废除奴隶制，两者中何者为先？以及如何实现？在不同时期不同废奴人士之间也会存在着差异。不管怎么说，协会决定了具体的活动内容，包括收集与奴隶贸易相关的信息、以克拉克森为首的反奴隶贸易派成员制作发行宣传手册、募集废奴运动所需资金等。

话说回来，在该协会成立过程中贵格会教徒起着决定性的作用，但他们会将自己的宗教信仰与禁止奴隶贸易和奴隶制的议题捆绑在一起吗？

乔治·福克斯与约翰·伍尔曼

贵格会 ① 是 17 世纪中叶诞生于英国的一个基督教新教派别，又称教友派或公谊会（ Religious Society of Friends ），属非国教会教派，目前全世界约有 60 万信徒，其中美国约 12 万人，英国约 4 万人。在日本，著有《武士道》等作品的新渡户稻造也是有名的贵格会教徒。

该教会的创始人乔治·福克斯（George Fox，1624—1691年）曾针对黑人奴隶发表了如下观点：如果自己花钱买来的黑人忠实地服务于自己，经过若干年后应让他们恢复自由之身，

---

① 因创始人乔治·福克斯号称"听到上帝的话而发抖"而得名"贵格"（Quaker），中文意译为"震颤者"。也有说法称在初期宗教聚会中常有教徒全身颤抖，因而得名。宾夕法尼亚州有大量贵格会教徒聚居，习惯上以"Quaker City"作为费城的别名，因而费城人也被称为"Quaker"。

届时必须无条件地解放他们（并给予他们一些金钱）。这里，福克斯并未否认奴隶制本身，而是批判不应让黑人一生都背负着奴隶的身份。

此外，出生于英国、后来又前往北美殖民地宾夕法尼亚的贵格会教徒雷夫·桑迪福德（Ralph Sandiford，1693—1733年）认为，夺取人类自由是最大的恶事，奴隶贸易强行将人从其出生的地方和家庭带至其难以适应的气候条件下及陌生的语言环境中，因此应予以禁止。

无独有偶，生于下一代的约翰·伍尔曼（John Woolman，1720—1772年）坚信奴隶制与基督教的信仰相悖。他谴责贵格会教徒从事奴隶交易，认为白人压迫土著（印第安人）和黑人、富人为一己私利压榨穷人都不能成为崇尚自由的贵格会教徒。不仅如此，他还坚决抵制使用奴隶生产的衣服、砂糖、朗姆酒、银制品。

不过，截至 18 世纪中叶，反对奴隶制和奴隶交易的人即使在贵格会教徒中也依然是少数派。事实上，在北美殖民地，许多贵格会教徒拥有奴隶并从事过奴隶交易。

贵格会教徒的决议与精神

18 世纪中叶以后，贵格会教徒中的这一风潮发生了转变。在隔着大西洋的北美殖民地（后来的美利坚合众国）与英国之间，奴隶问题浮出水面，成为决定自身宗教观、伦理观或身份界限的重大问题。1758 年，于伦敦召开的贵格会教徒年会（总会）曾劝告会员不要染指奴隶贸易。这一决议同时送达英国及北美殖民地各地公谊会（贵格会教徒组织），费城、纽约、马里兰、爱丁堡的公谊会群起响应，步调一致。

紧接着，1760 年的贵格会教徒费城年会报告称，不只是费城的会员，其他北美殖民地的会员也普遍反对奴隶制。事实上，在会后第二年的 1761 年，费城开始对奴隶输入征收高额关税。同年 5 月，伦敦年会强制决议将从事奴隶贸易的英国会员从公谊会中除名。通过公谊会精密的组织网，这一决议不仅在英国各地、在北美殖民地的会议上也得到了采纳，给会员的个人日常生活带来了巨大的影响。

那么，这一系列宣言、决议背后又隐藏着什么样的情由呢？我们来结合贵格会教义的特征加以探讨。

将这一解释放在前文提及的主仆关系中看，虽然主人没有必要将自己所有物的一半分给仆人，但交换立场后便变成了主人希望得到什么时，也请同样给予仆人。此外，奴隶贸易是从非洲人家庭中将其父、其母、其子女抢夺而去的悲惨至极的交易。如果站在那个家庭的立场上看，定会谴责这一绝不可原谅的行为。就这样，越来越多的会员意识到奴隶交易与奴隶制侵犯了人道主义，于是发表和颁布了一系列的宣言和决议。

贵格会教徒的这一系列宣言和决议也反映出同时代公谊会的危机意识。17 世纪中叶该宗教团体成立之初，因反对国教会而遭到残酷迫害，不过这反而让会员紧密团结。然而 18

世纪以后，贵格会进入了所谓的"惰性时代"。原本崇尚朴素、节约的会员中，出现了一些事业成功且积累了不少财富的人。这些原本应该用于慈善事业或善事的财富，却被用于自身奢侈的生活或生成更多财富的投资上，明显偏离了贵格会的教义。

在这些偏离的行为中尤其不可忽视的是，从事奴隶交易及拥有奴隶。该教会通过谴责这些行为，切断其与"恶魔世界"的联系，并试图重新建构专注于"善事"的特殊教派属性。

1783 年 6 月，在美国独立战争即将结束之际，英国的贵格会教徒成立了一支由 23 人组成的委员会，专门调查奴隶贸易的实况。此外，还有 273 名贵格会教徒联名向下院提议，请求禁止奴隶贸易，有几名下院议员表示支持。不仅如此，他们还强烈意识到有必要开展关于奴隶贸易问题的大众启蒙活动，于是开始在各地报纸上发表有关奴隶贸易的短评，发行小型宣传手册。但是，仅靠贵格会教徒的活动，效果实在有限。

泰斯顿集团与詹姆斯·拉姆齐

另一方面，英国国教会福音派支持废奴运动的人士们一直被视为克拉珀姆教派。然而，布朗（Christopher Leslie Brown）的研究结果[1] 显示，1787 年伦敦协会成立时，克拉珀

---

[1] C. L. Brown, *Moral Capital: Foundations of British Abolitionism*, Chapel Hill, 2006。

姆教派尚未存在。在距离伦敦克拉珀姆地区东南约 40 公里之处有一个名为巴勒姆庄园（Barham Court）的领地，在这里聚集的英国国教会福音派团体成为废奴运动的核心，是名副其实的福音派废奴运动的历史起点。

这座巴勒姆庄园归慈善家伊丽莎白·布韦里（Elizabeth Bouverie）所有，她与幼时的玩伴玛格丽特·米德尔顿（Margaret Middleton）及其丈夫查尔斯（Charles Middleton）同住。因为领地在泰斯顿教区，所以聚集在此地的人们也被称作"泰斯顿集团"（Teston Circle）。

领地内设有照顾染病的贫困者和流浪者的特殊设施。玛格丽特·米德尔顿对英国社会的道德改革特别是爱护动物运动尤为关心，其丈夫查尔斯是海军督察，制定了针对强制征召海军士兵的道德提升计划。著名诗人、剧作家汉娜·莫尔（Hannah More）及切斯特主教（后荣升为伦敦主教）贝尔比·波特乌斯（Beilby Porteus）也经常造访此地。

1781 年泰斯顿教区的牧师是詹姆斯·拉姆齐（James Ramsay），他曾滞留圣基茨岛长达 20 年，泰斯顿教区的人们从他这里听闻了奴隶制种植园的真实故事，深表关切。拉姆齐本来的意图是提高、强化国教会在英属西印度群岛的地位，进而改善奴隶的生存状况。

拉姆齐接受了泰斯顿集团成员们的建议，于 1784 年出版了著作《论英国糖业殖民地非洲奴隶的待遇与转化》（*An Essay on the Treatment and Conversion of African Slaves in the*

British Sugar Colonies，如图 3-4）。那是一本超过 300 页的大作，概述了从古希腊罗马时期至美国独立战争时期的奴隶制历史。书中还论述了英属西印度群岛奴隶"文明化"的必要性，认为"文明化"的基础是用基督教教化奴隶，这会让英国受益。该书对非洲人的智力也有所关注。

由于他在当地实际生活过，所以这本著作的特点就是内容具体、生动又真实。拉姆齐揭露了奴隶主毫无人性的行为，他们一边像专制君主一样统治着奴隶，过着奢侈的生活，一边在皮鞭的统治下虐待奴隶。他主张必须禁止肉体刑罚，改善奴隶的生活状况。

该书很快便招致了各种各样的评论，当然也包括反对意见，同时也引起了大众史无前例的关注。它点燃了关于奴隶制长期论争的火苗，将英国对糖业殖民地的责任视为问题来思考，

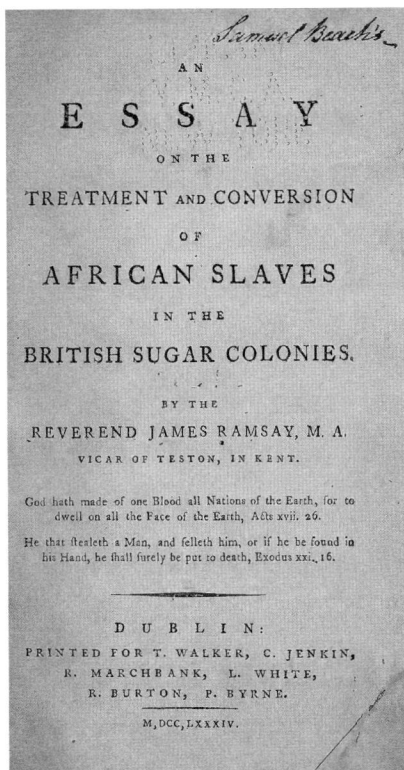

图 3-4　詹姆斯·拉姆齐著作《论英国糖业殖民地非洲奴隶的待遇与转化》的扉页（1784 年，现藏于美国波士顿公共图书馆）

并成为唤起大众讨论以何种策略消除奴隶制之恐怖的契机。

在泰斯顿集团中，最希望将拉姆齐的思想付诸实施的人是切斯特主教波特乌斯。他批判将奴隶视为在殖民地工作的机器或道具的观点，认为有必要使奴隶皈依基督教。

但是，奴隶主们认为，基督教教义有破坏种植园社会秩序的风险。针对这种观点，波特乌斯表示，基督教的教义是教导黑人履行义务，是使他们忠诚且勤勉工作的最有效手段。事实上，他还请求福音传道协会（Gospel Preacher Association，18 世纪初成立）加强在英属西印度群岛的传道活动。1784 年，他又向该协会提出前往巴巴多斯的科德灵顿农园给奴隶传道的计划。

汉娜·莫尔、威廉·威尔伯福斯、托马斯·克拉克森

拉姆齐的著作在 18 世纪 80 年代的废奴运动中引起了极大的反响。尽管也有人对他进行人身攻击，但下院议员威廉·乔利夫（William Jolliffe）却友好地接受了著作中的观点，并提议在下院设立特别委员会，以调查奴隶贸易的规模和实况。托拉姆齐的福，泰斯顿集团声名远播，不久之后，废奴运动者中的知名人士陆续来到泰斯顿。

前述著名诗人、剧作家汉娜·莫尔也是在这个时候到访泰斯顿的，并开始对宗教觉醒问题产生了兴趣。她呼吁取消国教会的既有限制，解放宗教情感。另一方面，与莫尔抱有同样想法的威廉·威尔伯福斯（William Wilberforce，如图 3–5）

于 1783 年在泰斯顿与拉姆齐会面。

图 3-5　威廉·威尔伯福斯（A. 希克尔绘，1794 年，现藏于英国赫尔
　　　　的威尔伯福斯故居）

　　威尔伯福斯很年轻时便被选为英格兰最大选区约克郡的下院议员，但据说相比于政治家，他更想成为一名宗教学家。当时正苦恼于究竟该选择何种道路的威尔伯福斯听从了约翰·牛顿的劝说，以下院议员的身份为禁止奴隶贸易竭尽全力。威尔伯福斯传记的作者雷金纳德·库普兰（Reginald Coupland）曾在书中描述："如果没有奴隶贸易的阴霾阻挡，想必威尔伯福斯就不会在政界驻足那么久。"

　　在泰斯顿，米德尔顿、莫尔、威尔伯福斯等人花费大量时间讨论他们心中描绘的各种伟大改革目标，其中也包括反对奴隶制、禁止奴隶贸易的问题，但其根本是对如何推动英国国教会的宗教觉醒这一问题的认识。对他们来说，废奴运动是实现宗教觉醒的手段，反之并不成立。福音派主张反对奴隶贸易和奴隶制，不仅是为了实践宗教的慈善，也旨在改革国教会的陈规陋习，发起更广泛的运动战略。

1786 年，托马斯·克拉克森造访泰斯顿。他虽然已于 1783 年从剑桥大学毕业，但还留在校园里为成为圣职人员做准备。翌年，他在该校的拉丁语论文大会中获奖。1785 年他又提交了有奖征文，题目是《违背他人意愿使之成为奴隶的行为是否合法？》（ *Is it lawful to make slaves of others against their will?* ）。他在撰写论文过程中翻阅了奴隶贸易的相关文献，其中也包括出身于费城的著名废奴运动人士，也是贵格会教徒的安东尼·贝内泽特（Anthony Benezet）的著作《几内亚的历史评价》（ *Some Historical Account of Guinea*, 1771 年 ）。

在那之后，克拉克森与贵格会教徒废奴运动人士经常接触，并经由贵格会教徒印刷商人詹姆斯·菲利浦斯之手，于 1786 年公开出版了第一本与奴隶制和奴隶贸易相关的著作。他造访泰斯顿时，正值该著作出版后不久。在泰斯顿停留期间，他发表宣言称，"要将自己的人生奉献给反奴隶制及禁止奴隶贸易事业"。

就这样，通过贵格会教徒与泰斯顿集团之间的往来联系，逐渐掀起了废奴运动的巨大浪潮。

三、禁止奴隶贸易运动与抵制砂糖运动

第一次运动

我们来具体看一下伦敦协会的活动。如前所述，该协会于 1787 年成立时有 12 名成员，截至 1792 年 12 月共有 36 名新会员加入。但由于中途有人退出，会员人数最多时也只有 43 人。其中包括对废奴运动大众化起决定作用的贵格会教徒、制陶商人乔赛亚·韦奇伍德（Josiah Wedgwood）和因动物保护运动而闻名的本杰明·M. 福斯特（Benjamin M. Foster）。前文提到的威尔伯福斯也于 1791 年与查尔斯·詹姆士·福克斯（Charles James Fox）和威廉·巴古（William Bagou）等其他议员一起加入了该协会。

协会的核心任务是收集奴隶贸易的信息和证据，且以此为基础举办大众宣传活动。为此，在各地组织支援宣传活动的人员尤为重要。1787 年 7 月，协会在册会员数已达 116 人，其中九成是贵格会教徒。截至同年年底，已然形成了一个以曼彻斯特、布里斯托、谢菲尔德、利兹为首的 30 个城市以上的通信网络。

成立后的 15 个月内，伦敦协会向各地分送宣传册、报告书、信件等总计约 85000 件。印刷与出版事宜都交由前文提及的菲利浦斯负责。此外，协会的活动资金主要来自各方捐赠。截至 1788 年 8 月，募集到的资金有 2760 英镑，捐赠人数超过 2000 人。

为了收集奴隶贸易的相关信息和证据，克拉克森跑遍英国各地，当然也包括布里斯托和利物浦等奴隶贸易港口。为了便于公众理解奴隶贸易的实况，他更是亲手制作奴隶船的结构图，所画之船便是前述利物浦奴隶船"布鲁克斯号"。该图（改良版）于 1789 年春出版，除了各地的通信员外，还被送到了上、下两院的议员们手中。

在这次运动中，前文提到的韦奇伍德扮演着极其重要的角色。他出生于制陶业世家，1759 年从家族中独立出来，受到王室的庇护，因开发出奶油色瓷器（Cream Ware）等高级餐具而大获成功，是经营至今的韦奇伍德公司创始人。

1787 年秋，韦奇伍德开始为伦敦协会的活动制作陶瓷纪念章，图案由伍兹、霍尔·茱尼亚、菲利浦斯等贵格会教徒设计，描绘出一个被锁链锁着的非洲人跪在地上哀怨的样子，像是在悲叹："Am I Not a Man and a Brother？（吾岂非人类、非汝等之兄弟乎？）"韦奇伍德将纪念章无偿提供给协会，一经协会颁布便好评如潮。不久，这一设计被各国使用，并成为废奴运动的官方图标。

1788 年 1 月，伦敦协会发起全国性的议会请愿活动。前一年的圣诞节后，下院议员威尔伯福斯向协会表示，会在下次会期之初，取得禁止奴隶贸易法案的提出许可。协会得知这一消息后，立即呼吁各地区的通信员一起行动。

于是，曼彻斯特、约克、赫尔、伦敦、伯明翰等各地纷纷寄来请愿署名簿。截至 3 月 9 日，他们已向下院提交署名簿 100 件以上，其中来自曼彻斯特的署名者在 1 万人以上，相当于当时具有选举资格男性人口的三分之二。

伦敦协会看到活动的传播如此广泛，也感到非常震惊。不过，这次运动有几个问题需要注意。第一，请愿内容因地区和团体差异而有所不同。例如，不仅是禁止奴隶贸易的署名簿，废除奴隶制、管制奴隶贸易的署名簿也夹杂其中。第二，各地区活动的热烈程度也各不相同。英格兰北部工业地区（兰开夏郡、约克郡）的署名人数占全部署名人数的三分之一，相比之下，康沃尔、苏格兰等地的活动相对冷清，伦敦近郊各郡的活动也都欠缺热度。

威尔伯福斯计划借这次请愿活动的热度，迅速向议会提出奴隶贸易废止法案，但议会却下令先收集奴隶贸易的相关证据。对伦敦协会而言，无疑陷入了一种"危险等待游戏"的境地。1790 年 4 月中旬，协会对奴隶贸易相关证据的收集基本告一段落。后来，首相威廉·皮特（William Pitt，小皮特）解散议会，开始在全国举办选举。

威尔伯福斯就相同法案提出临时动议，并于 1791 年 4 月 18 日下午 5 时在下院展开演说。他的演说持续 4 小时以上，基于诸多证据，显得极具说服力。最初对此提出反对意见的是利物浦的奴隶商人巴纳斯特雷·塔尔顿（Banastre Tarleton）。他主张，奴隶贸易是议会承认的，一旦废止，必然会有损议会信用，也会损害贸易的价值。此外，威廉·杨（William Young）则认为，即便奴隶贸易不久之后势必会废止，但如果现在决定废止，英国拥有的奴隶贸易市场份额只会被其他诸国所瓜分。

菲利浦·弗朗西斯（Philip Francis）表示，虽然会给西印度群岛带来利害关系上的影响，但本人仍支持威尔伯福斯，谁都无法否认奴隶贸易是一种犯罪。会议临近结束时，小皮特请求发言，再次强调了奴隶贸易的非正当性及其危害。查尔斯·詹姆士·福克斯也给禁止奴隶贸易的反对派以强力反击，他表示，如果下院拒绝了这一提案，就等于承认了掠夺、盗抢和杀人的正当性。

议会上的论战就这样一直持续到 4 月 20 日早上 3 点 30 分，最后威尔伯福斯针对争论进行了简单答辩后会议才闭幕。为投票而出席会议的议员人数不足全体议员的一半，投票结果为 88 票比 163 票，威尔伯福斯的提案最终被否决。

国际的协作

与此同时，伦敦协会开始寻求与欧洲各国、美国等反对奴隶贸易及奴隶制的组织或个人开展合作。此举是为了制约英国国内某些反对废奴的说法，例如，前述认为如果英国率先废止了奴隶贸易，只会让竞争对手有机可乘、让他们有利可图的观点。换句话说，伦敦协会认为，相关各国明确表示支持禁止奴隶贸易是英国废奴运动取得成功的关键。

与美国废奴运动的协作从殖民地时代开始即以贵格会教徒为核心。美国独立后，伦敦协会呼吁费城、纽约等地的废奴协会在联邦层面的废奴运动中发挥作用。结果，截至1788年，以宾夕法尼亚州为首的六个州出台了即刻禁止奴隶贸易的相关法律。受此影响，美国联邦政府于1808年宣布禁止奴隶贸易。

另一方面，在欧洲大陆，伦敦协会在与法国"黑人之友协会"的协作上煞费苦心。法国大革命爆发以前，伦敦协会就已经与法国反奴隶制支持者有所接触。1787年，黑人之友协会成员、大革命后成为吉伦特派（Girondist）首领的法国作家雅克·皮埃尔·布里索（Jacques Pierre Brissot）①访问英国，并与伦敦协会的成员会面。回法国后于1788年2月设立（伦敦）协会的巴黎支部，目的在于揭露奴隶贸易及奴隶制的残酷、非法与非人性，并要求将之废除。在拥有黑人奴隶制殖民

---

① 其自称德瓦维尔（de Warville）。

地的两个大国——英国和法国，通过正义与人道主义引起舆论关注，其必要性日渐明确。

该支部的第一代会长由百科全书派[①]的尼古拉·德·孔多塞（marquis de Condorcet）担任，成员 100 人左右，其中包括《论特权：第三等级是什么？》[②]的作者西耶斯（Emmanuel Joseph Sieyès）、布里索、起草《人权宣言》的拉法耶特侯爵（Marquis de Lafayette）以及格雷瓜尔神父（Henri Jean-Baptiste Grégoire）等人。法国大革命爆发后，克拉克森访问了巴黎，并与孔多塞、拉法耶特等人会面。但是，黑人之友协会的许多成员，如孔多塞、米拉波（Mirabeau Buonaparte Lamar）等都在革命中被捕，废奴运动被迫中断。

伦敦协会还将已经出版的宣传手册翻译成法语、西班牙语、葡萄牙语、荷兰语、丹麦语等带去各国，想通过这些协作活动确认国际性反对奴隶贸易的时机是否成熟，但最终深刻认识到英国必须得做出榜样才有说服力。

抵制砂糖运动

虽然第一次运动看似掀起了一定程度的热潮，但正如前

---

① 18 世纪法国一部分启蒙思想家于编纂《百科全书》（全称为《百科全书，或科学、艺术和工艺详解词典》）过程中以德尼·狄德罗为核心形成的一个学术团体。

② 该书中文译本已出版。西耶斯著，冯棠译，张芝联校：《论特权：第三等级是什么？》，商务印书馆 1990 年版。

文所述，威尔伯福斯的提案还是被下院否决，伦敦协会内部弥漫着一股失落的气息。1791 年 4 月 26 日，为了一扫阴霾情绪，协会强化组织，迎来了奴隶贸易反对派议员威尔伯福斯、查尔斯·詹姆士·福克斯、威廉·史密斯（William Smith）、威廉·巴古等新成员。威尔伯福斯此时才正式加入伦敦协会。同年 7 月，克拉克森开始为联络各地的废奴主义人士而不停奔走。

令人意想不到的是，此时禁止奴隶贸易运动却活跃起来，这便是抵制西印度群岛产砂糖运动。克拉克森后来推算，英国全国参与这次抵制砂糖运动的人数高达 30 万之多。

福克斯执笔的小册子《呼吁英国人拒绝产自西印度群岛的砂糖和朗姆酒》（*An Address to the People of Great Britain, on the UTILITY of Refraining from the Use of west India Sugar and Rum*，如图 3-6）成为引发这一场运

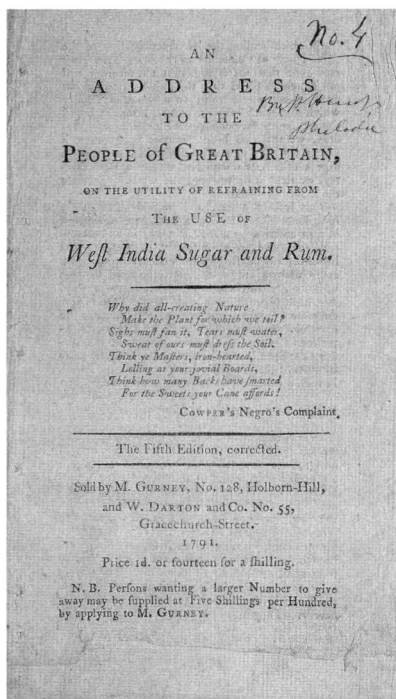

图3-6　福克斯执笔的小册子《呼吁英国人拒绝产自西印度群岛的砂糖和朗姆酒》（1791 年，现藏于美国波士顿公共图书馆）

动的导火索。这本售价 0.5 便士、仅有 12 页的小册子出版后，四个月内就售出 5 万本。截至 1791 年年末，在伯明翰甚至印刷了 10 次。这本小册子何以打动如此多读者的心呢？

这本小册子最大的特色在于，将禁止奴隶贸易问题与砂糖消费这一人们日常生活直接联系起来，迫使他们 / 她们采取具体行动。在当时的英国社会里，喝红茶、咖啡、热可可等饮品都会加入砂糖，制作点心也会使用砂糖。英国是当时欧洲最大的砂糖消费国，消费的砂糖均产自牙买加、巴巴多斯、安提瓜等地的奴隶制种植园。在英属西印度群岛，由奴隶劳动生产的砂糖每天都会进入人们的口中。

这一事实在小册子中被凸显出来。例如，小册子中有如下描述，"每周消费 5 磅砂糖的家庭，停用砂糖 21 个月便可以阻止 1 名非洲奴隶被杀害"，或者是，"每消费 1 磅从非洲进口的、由奴隶生产的砂糖，就相当于消费 2 盎司的人肉"。

换言之，日常生活中消费产自西印度群岛砂糖的人，不知不觉中就犯了杀人之罪，抑或吃了人肉。福克斯在小册子中主张："如果我们能够持续数年控制砂糖消费，就可以迫使西印度群岛的奴隶贸易陷入崩溃，奴隶们的状况得以改善，其人口得以自然增长①。"

小册子中还讲述了一种历史认识："现在我们生活在'启蒙时代'，已经跨越了充满兽性与非正义行为、蒙昧无知的野

---

① 一定时期内（通常为一年）出生人数减去死亡人数而出现的增长。死亡人数大于出生人数为负增长。

蛮时代。但是，我们尚未完全克服远古时代的野蛮天性，因为我们一边用最优雅的人道主义感性装饰自己，一边从事着奴隶贸易这一史无前例的残暴之事。"

福克斯在此提供了两种选择：停止消费西印度群岛生产的砂糖，选择与"启蒙时代"相适应的生活方式，还是继续奢侈的生活，返回"野蛮时代"的道德？这样的言说，直戳人心。

事实上，在伯明翰有 1000 户以上的家庭停止了砂糖消费，在伦敦也有 25000 人参加了这次抵制运动。据说，当时的国王乔治三世及王妃夏洛特也参与了此次运动。在威尔士和英格兰各地奔走的克拉克森表示，他到过的每一座城市都有人参与这场运动。所有阶层、团体、国教会的人们抑或非国教会的人们，都参与其中。

值得一提的是，这次运动有大量的女性参与。由于家庭生活消费的主导权一般掌握在女性手中，因此砂糖消费问题成为从"餐室"角度出发去思考奴隶境遇的契机。

第二次运动

1792 年 2 月，新一轮请愿运动在英国全国各地展开。鉴于前次运动，伦敦协会要求尽量统一联名请愿的内容与形式。也就是说，请愿的内容仅限于禁止奴隶贸易，同一地点采取同一形式的署名簿，尽量避免重复署名。

协会最先收到的是来自曼彻斯特的署名簿，随后又相继收到了从剑桥、纽卡斯尔、华威、赫尔、谢菲尔德、格拉斯哥等地送达的署名簿。截至 3 月底，共向议会下院提交了 519 份约 40 万人的请愿署名簿。在同一会期中针对同一问题提交如此多的署名簿是史无前例的。据估计，约占当时英国成年男性人口总数的 13%。

1792 年 4 月 2 日，威尔伯福斯以这次请愿运动为背景，再次向议会下院提出禁止奴隶贸易法案的动议。他的演说从下午 6 点后开始，其后讨论持续了一整夜。当日出的晨光透过窗户照进屋里时，小皮特在发言中随机应变地表达出自己的期望："让非洲迎接幸福的日出吧！"

不过，这次讨论最引人注目的是亨利·邓达斯（Henry Dundas）。他准确地把握了下院的氛围，针对威尔伯福斯即刻禁止奴隶贸易的主张，提出渐进式禁止奴隶贸易的建议。其他议员也随即表示支持。这一符合中庸之道的建议，既对西印度群岛经济痛下杀手，又批判了奴隶贸易的犯罪实质，获得了议员们的高度评价。就这样，邓达斯的渐进式禁止奴隶贸易法案以 330 票比 85 票的压倒性优势，在下院通过。

事实上，当威尔伯福斯计划提出动议时，伦敦协会内部就有反对的声音，认为为时尚早。此时法国大革命正在进行，加之 1791 年在殖民地圣多明各（海地）又爆发了大规模奴隶叛乱。有些地区认为，禁止奴隶贸易的请愿运动是英国的雅各宾派① 呼应法国大革命的行动。总之，当时产生了将"禁止奴隶贸易"与"革命"等同视之的风潮。

伦敦协会开始讨论禁止奴隶贸易是否会破坏英属西印度群岛的所有权。但是，对大多数人来说，废除奴隶贸易与法国大革命、海地的奴隶起义一样，都是暴力与骚乱的象征。

威尔伯福斯与其他协会成员自 1787 年以来一直致力于即刻禁止奴隶贸易，结果却未能取得成功，对此深感屈辱。不过，他们很快重整士气，认为"渐进式"一词有多种理解，在议会中尽力朝着缩短渐进期限的方向努力。1792 年 4 月 27 日，经过下院漫长的讨论，禁止奴隶贸易的最后日期定在了 1796 年 1 月 1 日。

然而，上院对这一决议表示反对，要求进一步提供相关证据。结果，下院的决议成为一纸空文。1793 年，下院反对进一步处理奴隶贸易相关问题。伦敦协会计划再次开展抵制砂糖运动，但却未能成功。此后，协会抑或说禁止奴隶贸易运动陷入了漫长的寒冬。

---

① 雅各宾派，法国大革命时期参加雅各宾俱乐部的激进派政治团体。

四、海地的奴隶"叛乱"

《开曼森林祭典》

法属圣多明各（今海地共和国）位于加勒比海上伊斯帕尼奥拉岛的西半部。1791 年 8 月 14 日晚，在其北部平原的开曼森林（Bois Caiman）中，奴隶们举行了一次大型集会。集会的目的是号召众人揭竿而起，代表各地种植园的奴隶监工约 200 人参加了此次集会。主导集会的是一位名叫布克曼（Dutty Boukman）的黑人，他鼓舞与会的黑人们，将起义的行动日期定在 8 月 22 日。

随后，"海地革命"爆发。

据海地革命研究者浜忠雄描述，他们先进行宣誓，并在集会结束前举办了震撼人心的仪式，即所谓的伏都教①（Voodoo）

---

① 又译巫毒教，流行于贝宁、多哥中南部，也是加纳、尼日利亚丰族人的信仰。虽为宗教，但没有教义和教典，也没有被取得认可的教团宗教法人，仅为民间信仰。

祭典。在猛烈的雷雨中，一位身材高挑的黑人女性出现在会场中央，手持一把刀在头顶挥舞旋转，同时"跳着骷髅之舞，唱着非洲风情之歌"。接着，她将刀插入黑猪腹部，"将冒着气泡的血分给众人"。随后，众人宣誓绝对服从起义的首领布克曼。

关于这次"开曼森林祭典"的真实性尚且存疑，但毫无疑问的是，黑人奴隶在 8 月 22 日夜晚发动了起义。从多个种植园逃出的奴隶们在北部的阿库尔湾岸（Acul Bay）集结，选举布克曼和奥古斯特为指挥官，杀死附近的种植园管理人及种植园主，放火烧毁农园的建筑物。

这场奴隶起义在北部一带如燎原之火般迅速扩散。

据说最初起义的人数有 12000 人还是 15000 人不得而知，但至 1791 年年底就已经发展到 5 万人以上，相当于北部奴隶总人数的三成。持枪或用劳动工具武装起来的奴隶们涌向海地角，并以该地为据点。截至同年 9 月底，北部的多数甘蔗种植园、咖啡种植园被放火烧毁。

1789 年，海地的人口构成为白人 30826 人，有色自由人 24848 人，黑人奴隶 434429 人，共计 490103 人，其中有 90% 的人口是黑人奴隶。白人几乎都是来自法国的殖民者，如种植园的所有者或管理人、殖民地的官吏、贸易商人等。所谓有色自由人一般是指黑人与白人之间的混血儿自由人，也包括被解放的黑人。

顺便一提，在其他法属西印度群岛的奴隶人口（1788 年）中，瓜德罗普约有 85000 人，马提尼克约有 73000 人，海地拥有的黑人奴隶人数则是这两块殖民地的 5—6 倍。海地在旧制

度 ① 时期曾被称为 "加勒比海明珠" "安的列斯女王"，当地
奴隶制种植园所生产的砂糖和咖啡为法国带来了巨额财富。

法国大革命与《人权宣言》

18 世纪，法国与英国之间战争频仍，国家财政捉襟见肘。
为解决财政问题，国王路易十六试图对特权等级推行征税等财
政改革，但遭到特权等级的反对，于是破例召集了自 1615 年
以来便未再召开过的三级会议。1789 年 5 月，三级会议在凡
尔赛宫召开，围绕着决议方案，特权等级和第三等级（平民）
形成了对立之势。

一个月后，第三等级的议员们宣布，在国民议会中只有
他们才能代表国民，并开始起草宪法。这一行为遭到了国王和
一部分贵族的武力镇压。与此同时，饱受面包价格上涨等问题
之苦的巴黎民众，攻击了象征专制暴政的巴士底狱，各地农民
群起响应，法国大革命由此爆发。

同年 8 月，国民议会决定废除封建特权，废除其领主裁
判权及什一税 ② 等，并采纳了《人权宣言》，提倡人人自由平
等、主权在民、私有财产不可侵犯等。如此一来，法国彻底告

---

① Ancien Régime，又称旧政权，指 16 世纪晚期至 1789 年法国大革命爆发期间
法国的政治体制，亦指其经济体制。
② 什一税：欧洲基督教会利用《圣经》中农牧产品的 1/10 "属于上帝" 的说法，
向居民征收的宗教捐税。所征实物按产品性质分为大什一税（粮食）、小什一税
（蔬菜、水果）、血什一税（牲畜）等。税额往往超过纳税人收入的 1/10，负担主
要落在农民身上。

别了旧制度。

如果追问"何为法国大革命",回答《人权宣言》的人应该有很多。但是,浜忠雄认为,必须慎重解读《人权宣言》。首先,"人权宣言"毕竟是简称,准确的翻译应该是"人权与公民权之宣言"。换言之,一方面是"人权",另一方面是"公民权",明确两者的差异非常重要。例如,《人权宣言》第 1 条:"人生来就是且始终是自由的,在权利方面一律平等。"[①] 在此所指的"人"只是一般的、抽象的人格,而非现实存在的每一个独立个体。

"公民权"方面又如何呢?《人权宣言》第 14 条指出:"所有公民都有权亲身或由其代表确认公共赋税的必要性,自愿选择认可与否,知悉其用途,并决定税率、税基、征收方式及期限。"决定赋税及其用途的权利、参与立法的权利、就任公职的权利等都属"公民权",而非"人权"。

那么,谁来行使"公民权"呢?关于这一点,《人权宣言》中并没有明确规定。但是,在审议过程中,西耶斯表示:"至少就现状而言,女性、儿童、外国人以及对公共设施维护毫无贡献的人,无权对公共问题积极行使影响力。"法律规定,这里"对公共问题积极行使影响力"的人被称为"积极公民",拥有这一资格的为 25 岁以上的法国男性,缴纳一定的赋税,且非受雇用者等。浜忠雄的研究表明,根据 1791 年的

① 摘自王建学译本。朱福惠、邵自红主编:《世界各国宪法文本汇编(欧洲卷)》,厦门大学出版社 2013 年版,第 236 页,下同。

统计数据来看，满足这些条件的"积极公民"约有 430 万人，不足法国总人口的 15.6%。

黑人奴隶当然并未包含其中，因为他们不被视为人类，而只是奴隶主的"财产"。即使已经颁布了《人权宣言》，也与黑人奴隶没有任何关系。

废除奴隶制

令人惊讶的是，海地奴隶起义的消息传到法国议会竟然是在事后两个月有余的 1791 年 10 月底。对此消息，法国国内议论纷纷。由于大革命正在进行，形势瞬息万变，其中有一种观点颇具影响力，即有色自由人与白人结成同盟，便可以应对奴隶起义、抵御乘虚而入的英国侵略、守护殖民地。于是，1792 年 4 月，法国颁布法令，规定有色自由人和白人在法律面前一律平等。有色自由人有权根据自身需求，选择做奴隶起义的同路人或者与黑人奴隶为敌。

但是另一方面，也存在像让 - 保尔·马拉（Jean-Paul Marat）一样共鸣于奴隶起义的共和主义者。他在题为《殖民地有摆脱母国暴虐束缚之权利》的论文中提出了有色自由人、黑人可对白人殖民者行使自决权的激进观点。

当时，欧洲爆发了革命战争，其影响也波及大西洋彼岸的海地。1792 年 4 月，法国首先向奥地利宣战，翌年 2—3 月，英国和西班牙也进入战争状态。西班牙军队从与海地东部

毗邻的西属圣多明各攻入海地东北部，另一方面，英国军队于
9月从牙买加进攻，控制了海地的西南部。事实上，一部分海
地种植园主非常期待英军的到来，为此还做了一些引导。英国
军队行动的目的是防止海地奴隶起义的影响波及牙买加等其他
地区。

　　这期间，在法国国内，路易十六于1793年1月被处死，
派遣到海地的军队分裂成共和派和保皇派，无法统一指挥。
此外，居住在海地的部分法国白人在奴隶起义爆发后或回归
本土，或逃往美国、牙买加等地。特别是1793年6月爆发了
"马卡亚①事件"，据说导致上万人的白人逃向了美国和牙
买加。

　　在丧失殖民地的危机下，法国政府派遣的代表委员松多
纳克斯（Léger-Félicité Sonthonax）等人主张，将武器配发给
黑人奴隶，使之对抗英国军队和西班牙军队。为此，必须解放
黑人奴隶。于是，1794年2月4日，国民公会通过了如下决
议："国民公会宣布，废除所有殖民地的黑人奴隶制，居住在
殖民地的所有人无论何种肤色均为法国公民，均享有宪法所保
障的一切权利。"

　　据浜忠雄描述，该决议在一片"共和国万岁""国民公
会万岁"的欢呼声与掌声中获得通过。

---

① Macaya，出生于刚果的海地革命军事领袖，率领部队代表法国共和派夺回了
海地角。

杜桑·卢维杜尔与拿破仑

在海地革命和法国大革命中，有两个必须提及的人物，即杜桑·卢维杜尔（François-Dominique Toussaint Louverture）与拿破仑（Napoléon Bonaparte）。

杜桑并非奴隶，而是有色自由人。他在起先的领袖布克曼被处决后加入起义，凭借优秀的政治和军事才能领导了奴隶解放战争。另一方面，拿破仑通过 1799 年的"雾月政变"独揽大权后，推翻了前述国民公会通过的废除奴隶制决议，并策动复活海地的奴隶制。海地对此予以强烈抵抗，立志从法国的统治下独立出来。

杜桑的父母因奴隶贸易从西非被带到海地，卖与北部平原（Plaine du Nord）诺埃伯爵（Noé）所有的种植园当奴隶。杜桑于 1777 年左右恢复自由，成为一名拥有大约 20 公顷咖啡种植园的园主，并拥有 13 名奴隶。据说种植园经营顺利，他也因此积累了不少财富。杜桑学习了法语和算术，还阅读了古罗马恺撒大帝的《高卢战记》（*Commentarii de Bello Gallico*）和法国启蒙思想

图 3-8　杜桑·卢维杜尔（1791—1801 年左右的版画，现收藏于纽约公共图书馆）

家之一雷纳尔（Guillaume Thomas Raynal）的《东西印度史》
（*Histoire des deux Indes*）等作品，在有色自由人中具有相当
高的文化修养（如图 3-8）。

在杜桑加入奴隶起义的时候，揭竿而起的黑人奴隶们正
举着白旗游行，白旗上嵌有象征着法国波旁王朝的百合花。也
就是说，在初期，黑人们完全没有让海地从法国统治下独立出
来的想法，他们的目标归根结底只是从奴隶状态中解放出来。
因此，斗争的矛头直指白人种植园主。

杜桑因掌握一些草药知识，晋升为卫生队的管理人员，
后来又崭露头角，成为部队的指挥官。1793 年 3 月以前（具
体时间不明），他与其他指挥官一起在圣多明各与西班牙军结
盟。同年 10 月，杜桑与西班牙同盟军控制了海地北部。与西
班牙军结盟，并不只是因为可以获得资金和军粮补给，还因为
可以确保享有西班牙公民被赋予的自由和权利。

但是，杜桑并未放弃解放海地奴隶的初衷。1794 年 5 月，
他脱离了西班牙军队，与法国军队结盟。究其原因，西班牙赋
予的自由仅限于一部分黑人，而如前所述，这一时期的法国在
本土已经通过了废除奴隶制的决议。

与法国军队结盟的杜桑在同年 6 月从西班牙军队手中夺
回了海地北部地区，并战胜了进攻该地区的英国军队。因此，
杜桑于 1797 年 5 月被任命为海地防卫总司令。然而，如前所
述，在法国本土，拿破仑企图让奴隶制死灰复燃。

杜桑对此抱有警戒之心，开始与英国和美国接触，他与

英国交涉的内容是，英国不得再度进攻海地，作为交换条件，海地也不得进攻牙买加，不仅如此，海地宣布独立时英国必须给予支持。与美国之间的交涉则是在贸易振兴方面达成了一致。不过，两国的合作关系并未长久维持下去。英国在与法国就《亚眠条约》（*Treaty of Amien*，1802 年）展开交涉时，杜桑与其关系便走向了决裂，与美国之间也产生了距离。

在此期间，杜桑于 1800 年 7 月以前基本控制了海地全境，翌年 2 月被拿破仑任命为将军。7 月颁布全 77 条《法属殖民地圣多明各宪法》（*Laws of the French colony of Saint-Domingue*）。这里需要注意的是，宪法规定海地仍然是殖民地，并未标榜其独立。此外，宪法第 3 条规定，在海地"不存在奴隶"，明确主张废除奴隶制。再者，宪法还规定杜桑为终身总督。

另一方面，拿破仑在 1802 年 5 月颁布的法令中明确提出，重建殖民地奴隶制度，同时恢复与之相应的奴隶贸易。浜忠雄认为："拿破仑的殖民地及黑人奴隶制政策从根本上看是赤裸裸的种族主义。"具体体现在拿破仑禁止没有许可证的黑人及有色自由人进入法国本土，禁止白人与黑人通婚。杜桑与拿破仑两人在海地的统治意图上势同水火。

拿破仑在上述法令制定之前早已开始行动。1801 年 10 月，拿破仑命令其妹夫勒克莱尔（Charles Leclerc）将军率军前往海地。这支派遣军的船上载有杜桑的两个儿子——艾萨克（Isaac）与派拉希德（Placide）。他们作为所谓的人质，于

1796 年被送到法国。第一批派遣军于 1802 年 1 月底至 2 月初抵达海地北部的海地角。同年 6 月，法国将军布吕奈（Jean-Baptiste Brunet）给杜桑写了一封言辞恳切的信，将其邀请到司令部。然而，这却是一个卑劣的阴谋。毫无防备的杜桑一出现就被抓了起来，即刻送往法国，关押在茹城堡（Fort-de-Joux），直到 1803 年 4 月 7 日死于狱中。

不过，拿破仑试图在海地复活奴隶制的计划被继承杜桑遗志的让－雅克·德萨林[1]挫败了。1803 年 11 月，海地革命军将法国军队占领的地区一一夺回，11 月 29 日，德萨林与众人联署宣布"圣多明各黑人之独立"。法军被迫投降，于 12 月陆续撤出海地。海地独立战争至此画上了句号。

翌年，即 1804 年 1 月 1 日，革命军首领聚集在戈纳伊夫（Gonayiv），发表"正式脱离法国独立宣言"。就这样，历史上第一个黑人共和国——海地诞生了。

---

[1] Jean-Jacques Dessalines，海地革命领导人，被视为海地开国元勋。独立后建立海地第一帝国，称帝，称雅克一世。

五、英国禁止奴隶贸易

废奴运动人士再集结

毫无疑问，海地革命给拉丁美洲的独立运动和奴隶解放运动带来了强烈影响和极大鼓舞，美国的废奴运动人士共鸣于海地革命，提出了"效仿圣多明各黑人"的口号。一时间，海地俨然成为"奴隶解放的象征"。但是，另一方面，拉丁美洲独立运动的领袖弗朗西斯科·德·米兰达（Francisco de Miranda）和西蒙·玻利瓦尔（Simón Bolívar）认为，黑人、有色自由人应慎重避免参加相关运动，以免重蹈流血与犯罪之舞台"海地的覆辙"。

海地共和国诞生之际，英国的奴隶贸易废止运动也已经度过了漫长的寒冬，再次迎来了春日暖阳。1804 年 5 月 23 日，原伦敦协会的成员们再次会合，讨论重新开展运动的相关策略。以协会实际解散后依旧在议会里孤军奋战的威尔伯福斯，以及因健康问题在湖畔疗养的克拉克森为首，夏普、乔治·哈里森（George Harrison）等老成员重燃旧志，詹姆斯·斯蒂芬（James Stephen）、扎卡里·麦考利（Zachary Macaulay）、亨利·桑顿（Henry Thornton）等新成员也加入其中。

禁止奴隶贸易活动的重点是在议会的游说活动。换言之，即强力促使上、下院的议员们加入禁止奴隶贸易派的阵营。同年 5 月 30 日，威尔伯福斯向下院申请了禁止奴隶贸易法案的提案许可，并以 124 票比 49 票获得了通过。不仅如此，提案在后续的二读和三读程序中也都获得了通过，反对的势力明显减少。但是，在上院，因霍克斯伯里伯爵（Hawkesbury）的修改动议，对禁止奴隶贸易法案的审议延期至翌年进行。

1805 年 2 月，威尔伯福斯再次提出同一动议，然而在二读程序中再次被提出延期半年的修改动议，并以 77 票比 70 票获得了通过。这样的事态对威尔伯福斯等人来说既感到意外，又深感痛心。禁止奴隶贸易派的议员们有些意兴阑珊，相反，西印度群岛派的议员们则企图卷土重来。

鉴于这次失败，威尔伯福斯等人调整了策略，转而提出禁止英国商人向刚获得的原荷属圭亚那输送奴隶的法案。当时英国国内的砂糖供给处于过剩的状态，此外，在出口市场中，产自巴西、古巴、东印度的砂糖更是竞争激烈。因此，威尔伯福斯等人认为，向圭亚那输送奴隶会使砂糖生产过剩的形势更加严峻，这将损害国民的利益。1805 年 8 月 15 日，向原荷属圭亚那输送奴隶被禁止，这个结果对于禁止奴隶贸易派来说，意味着取得了部分胜利。

1806 年 1 月，小皮特突然离世，继任首相威廉·格伦维尔（William Wyndham Grenville）与威尔伯福斯频繁接触。同年 3 月 31 日，议员亚瑟·皮戈特（Arthur Piggott）向下院提出了禁止英国商人向外国殖民地输送奴隶的法案。反对意见一如既往地声称该法案会造成向非洲输送的奴隶减少，进而给英国的产业和贸易造成损失，抑或英国退出奴隶贸易后只会让他国商人乘虚而入。同时，反对者们还提出，这反而会给西印度群岛的商人带来利益。

无论如何，辩论始终集中在英国政治、经济方面。1806 年 5 月 1 日，该法案终于在下院获得通过，5 月 16 日，法案也通过了上院的投票。于是，英国奴隶商人输送的奴隶人数预计将减少一半以上。

最终局面

距离英国奴隶贸易全面禁止的最终实现，还差临门一脚。1806 年 9 月，格伦维尔参加了总选举。选举结果是，反对禁止奴隶贸易的势力虽说有所削弱，但并未清除干净。翌年，即 1807 年 1 月，他们为了反对禁止奴隶贸易而向上院发起了请愿活动，参与者有利物浦商人、市议会议员、港湾理事，此外还有牙买加、特立尼达的种植园主和商人等。他们企图筑起最后的一道防波堤。

虽然格伦维尔向上院提出奴隶贸易全面禁止法案的时间是同年的 1 月 2 日，但辩论的实际开始日期却定在了 2 月 5 日。这一天，格伦维尔发表了一场长达 3 个小时的大演说。他在演说中强调了四种"正义"。第一，作为贵族议员为禁止奴隶贸易而行使权利的正义。第二，向殖民地的种植园主强调，此正义绝不会损害他们的真正利益。第三，对非洲住民，理应存有关怀的正义。第四，行使这些正义并不会遭到来自外国竞争对手的威胁。他的演说受到了极高的赞扬，法案最终以包括委任状在内的 100 票比 34 票，获得上院通过。

2 月 10 日，法案被带至下院审议，禁止奴隶贸易在会场上赢得了压倒性的支持。这一点从众多议员以热烈的掌声和喝彩声欢迎威尔伯福斯入席的情形中即可看出。许多议员意识到，基于正义和人道主义，奴隶贸易应当予以禁止。决议结果以 283 票比 16 票获得了远超预想的巨大胜利。在那之后，法案又追加了惩罚规定，并于 3 月 25 日得到了王室的同意。据此，1807 年 5 月 1 日以后，英国正式禁止奴隶船从英国的港口出航，1808 年 3 月 1 日以后，禁止在殖民地卸载奴隶。

伦敦协会从成立历经 20 年，终于达成了最初的目标。

六、在英黑人与塞拉利昂殖民地

禁止奴隶贸易与扩大殖民地

虽然英国就此踏上了禁止奴隶贸易之路，但颇为讽刺的是，这场艰难的运动却伴随着殖民地扩大的阴影。与禁止奴隶贸易运动同时进行的是，曾与运动保持密切联系的西非西南部的塞拉利昂被逐步殖民地化。如果先说结论，那便是在英黑人等被带入该地区，殖民区域渐渐扩大。

此外，英国自从禁止了本国的奴隶贸易后，就在外交及军事上对其他国家施压，并缔结了禁止奴隶贸易条约，后文还会展开详细论述。以此政治状况为背景，英国海军在捕获其他国家的奴隶船后，将之带到塞拉利昂，并解放船里装载的奴隶。于是，被解放的奴隶几乎都留在塞拉利昂开始了新的生活。

1783 年美国独立战争结束时，据说至少有 14000 名黑人与英国军队共同行动，他们被称为保皇党①。如果往前追溯，最为著名的事件便是《邓莫尔宣言》（Dunmores Proclamation）的发表，该宣言是弗吉尼亚总督邓莫尔伯爵（John Murray, 4th Earl of Dunmore）在 1775 年 11 月美国独立战争爆发时为参加英国军队的奴隶恢复自由而发表的。此外，1778 年下半年，英国军队在美国南部各地平定作战之际，发生了数万人规模的奴隶大逃亡事件。英国军队将这些奴隶当作战利品，迫使他们从事各种各样的劳动。黑人奴隶们为了获得自身的解放，不惜赌上性命投军。

战后，这些黑人中的一部分与撤退的英军一起，从萨凡纳、查尔斯顿、纽约等地前往英国。除此以外，据说还有数千名黑人前往英属加拿大的新斯科舍（Nova Scotia）。从 1784 年左右开始，伦敦市区内黑人明显增多，他们大多数都是没有工作的贫困阶层。

为了应对这一状况，"黑人贫民救济协会（Committee for the Relief of the Black Poor）"于 1786 年年初成立，并开始开展慈善活动。至同年 9 月底，援助对象多达 1000 人。该协会是半官方性质的非营利性组织，虽然也有来自民间的捐赠，但费用几乎都是由政府支付。据说截至 10 月活动停止以前，支出费用已高达 2 万英镑。

———————————

① 保皇党，又称效忠派。

向塞拉利昂移送黑人

在开展救济活动的同时，将在英黑人移送至塞拉利昂的计划浮出水面。提出这一计划的是博物学家亨利·史密斯曼（Henry Smeathman）。他曾于 18 世纪 70 年代前期在塞拉利昂及其周边地区勘探，收集植物标本。史密斯曼提出在西非创设农业种植园的构想，这类种植园以自由劳动为基础，而非奴隶劳动，而且是建立在黑人与白人相互平等、民主主义、自由主义等原则基础上的自由共同体。这一构想紧紧牵动着在英黑人的心。

图 3-9　塞拉利昂殖民地（1790 年左右的版画，现藏于大英图书馆）

史密斯曼的构想引起了伦敦废奴运动人士的关注，其中最早表明积极支持态度的是夏普。他主动参与前述萨默塞特案的审判，与在英黑人关系密切。当他得知史密斯曼的构想后，将其视为帮助在英黑人构建理想社会的蓝图。夏普表示，可以通过基督教使黑人"文明化"，并使之过上能够自主从事生产活动的生活。

毫无疑问，黑人贫民救济协会对这一构想非常感兴趣，公开宣传再没有什么地方比塞拉利昂更适合黑人生活，甚至还准备了支付给加入此计划的黑人移民每人 14 英镑的启动金。然而，黑人们对此却难以顺从地响应，其原因正如本书第一章所述，因为塞拉利昂是奴隶贸易活动的据点之一。

不过，有些黑人对该计划抱有怀疑，但也有些黑人即使多少冒些风险，仍欲将自己的未来押在向塞拉利昂移民这件事上。为了增加移民候补者的人数，救济协会停止了每天的救助活动，代之以半强制性地督促黑人签订移民契约。前文提到的艾奎亚诺对此计划极为关心，于是，救济协会意欲敦促他担任该事业的监管人员。他曾向协会提议，必须在当地制定防止奴隶买卖的相关对策。1786 年 11 月，政府正式任命艾奎亚诺为该计划的执行代理人。

计划付诸实施的日期近在眼前。为防止沦为奴隶商人的牺牲品，接受移民计划的黑人们要求发给他们作为英国臣民的证明文件并配发武器，此外，还一并要求配备警察、驻军、粮食、锻冶厂、帐篷、茶、砂糖等。看起来，该计划对一部分想要在海外寻求机会的白人而言，也充满了魅力。就这样，包含黑人、白人在内，最终签订契约的自愿移民者共计约 700 人。

但是，后来不断有人开始对该计划产生怀疑，艾奎亚诺也是其中之一。在往船里装载物品时，他发现了舾装人员的一些不当行为并予以告发，结果反而被撤除了执行代理人的职务。1787 年 2 月，从朴次茅斯港口出发时，3 艘船仅乘坐了 456 人，其中白人自愿移民者有百余人。船队出航后不久就遭遇了猛烈的暴风雨，被吹得七零八落，不得不紧急停靠普利茅斯港休整，4 月从普利茅斯港再次出发时，自愿移民者仅剩 411 人。

1787 年 5 月，船队到达塞拉利昂。航海过程中死亡 34 人，移民者进一步减少至 377 人。担任此行团长的汤姆逊船长，从当地泰姆奈族（Temne）国王手中购入了 20 平方公里的土地。这片最初的移民地与格兰维尔·夏普有关，因此被命名为格兰维尔镇。

不幸的是，漫长的雨季在住房建成之前就开始了，因长途航海而变得虚弱的移民接连病倒。截至同年 9 月，已有 86 人死亡，15 人离开了移民地。到 1788 年年初，移民减少至 130 人。8 月，尽管夏普安排由英国运来的物资已经抵达，却未能将移民地从衰败的境地中挽救回来。据说 4 年后，剩余的移民只剩 60 人左右。

新斯科舍的黑人与牙买加的马龙人 ①

然而，塞拉利昂作为自由人的理想移民地形象却依然存

① Maroons，在美国俚语中主要指逃亡的黑人奴隶。

在。1790 年，为实现在非洲的合法贸易，夏普、威尔伯福斯、桑顿等人成立了圣乔治湾协会，翌年 6 月又获得英国政府的许可，创立了塞拉利昂公司。该公司在 13 位董事名下组织成立，董事长由银行家桑顿担任，出资金额超过 2 万英镑。公司经营的宗旨是，向塞拉利昂渗透基督教与欧洲文明，压制奴隶贸易，推进合法贸易。

该董事会的构成成员是后来被称为克拉珀姆派的国教会福音派。克拉珀姆是伦敦南部的一个地区名，桑顿家族即在此地。正如前文所述，历史上聚集于泰斯顿集团的人中有一部分聚集于桑顿家族，其中有威尔伯福斯和他的朋友查尔斯·格兰特（Charles Grant）、詹姆斯·斯蒂芬、扎卡里·麦考利，以及在此地担任牧师的约翰·维恩（John Venn）等，每个人都在废奴运动中扮演着重要角色。

同时，还有一名从新斯科舍前往英国本土的黑人保皇党托马斯·彼得斯（Thomas Peters）。如前所述，新斯科舍是美国独立战争时期加入英国军队的一部分黑人的逃亡避难之地。尽管黑人们与政府约定在此拥有土地，但却不被承认。为了向英国政府寻求补偿，彼得斯于 1791 年赶赴伦敦。

彼得斯与夏普、桑顿等人接触时，听他们谈起了向塞拉利昂移民的计划，于是便将这一消息带回新斯科舍。1792 年 1 月，一些对该计划感兴趣的黑人聚集到一起，共计 1131 人乘坐 16 艘船于 3 月抵达塞拉利昂。航海途中有 65 人死亡。指挥船队的是托马斯·克拉克森的弟弟约翰（John Clarkson），他被任命为塞拉利昂的总督。

然而，当地尚未做好应对如此多移民的准备。虽然按计划已在格兰维尔镇建设了一座新城，并将其命名为"弗里敦（Freetown）"，但那里却没有足够的粮食。塞拉利昂公司派遣的"约克号"（York）运粮船因意外事故，并未抵达当地。进入 6 月以后，雨季便开始了，超 700 人的移民饱受热病之苦。即使这样，从新斯科舍来的移民仍克服了各种困难，坚持留在了弗里敦。截至 1796 年，定居在弗里敦的人口已达300—400 户。不过，殖民地走向制度化与稳定化的道路还相当漫长。

接下来到达塞拉利昂的是牙买加马龙人出身的黑人们。所谓马龙人是指从加勒比群岛及南北美洲的种植园逃出的黑人奴隶及其整个群体。18 世纪 30 年代，在牙买加分别形成了东部的迎风马龙地区和西部的背风马龙地区等大约 10 个马龙人村落，共计 1000 人以上，他们过着自给自足的生活。

1730—1739 年，马龙人与殖民地政府间爆发了第一次战争。那是一场游击战，详细的经过已无从考证，最终结局是双方签订了和平协议。协议规定，政府承认马龙人拥有自治权并给予土地，作为交换条件，马龙人必须与殖民地政府共同抵御来自岛外的侵略及奴隶叛乱。此外，若有逃亡的奴隶躲入马龙人的村落，须立刻送还。

到了 1795 年，马龙人和殖民地政府又爆发了第二次战争，导火索是两名犯盗窃罪的马龙人被公开处以鞭刑。西部拥有大约 700 人口的特里劳尼（Trelawny）马龙人发起了这次战争。马龙人展开游击战，但殖民地政府军将从古巴引进的军用猛犬投入战场，最终镇压了动乱。大约 600 名马龙人投降，其中超 500 人被流放到新斯科舍。

这些黑人难以忍受新斯科舍寒冷的气候，主动请求前往塞拉利昂。就这样，马龙人于 1799 年被移送到了塞拉利昂。

非洲协会的成立与外交、军事压力

1807 年英国禁止奴隶贸易以后，废奴运动人士们接下来的课题便是，通过在非洲人之间传播有用的知识、导入农业及各种产业，推行奴隶贸易消失后的合法贸易。此外，他们也给仍旧持续进行奴隶贸易的国家施加压力，以迫使其废止。1802 年丹麦全面禁止奴隶贸易，1808 年美国禁止奴隶贸易。在拉丁美洲，委内瑞拉及智利于 1811 年、阿根廷于 1812 年先后禁止了奴隶贸易。1813 年，瑞典禁止了奴隶贸易。

但是，这些地区及国家并非奴隶贸易的中心，禁止奴隶贸易几乎没有遭到反对。另一方面，葡萄牙、法国、荷兰、西班牙等国家在英国禁止奴隶贸易后依然如火如荼地开展着奴隶贸易活动。

1807 年 4 月 14 日，以促进与非洲的合法贸易、推动他国禁止奴隶贸易为宗旨的非洲协会成立。协会主要成员是塞拉利昂公司的董事，即夏普、威尔伯福斯、克拉克森以及桑顿、查尔斯·格兰特等人。扎卡里·麦考利担任事务局局长，英国王室的王子格洛斯特公爵（Gloucester）担任名誉总裁。加之一些下院议员也参与其中，使得该协会与政府的关系相当紧密。

因英国迫使各国禁止奴隶贸易的外交政策，荷兰率先于1814 年同意禁止奴隶贸易，法国于翌年即 1815 年紧随其后，葡萄牙也同意禁止赤道以北的奴隶贸易。西班牙分别于 1817 年和 1820 年先后禁止了赤道以北和赤道以南的奴隶贸易。此外，1822 年从葡萄牙统治下独立出来的巴西也于 1830 年禁止了奴隶贸易。这些全部都是通过与英国签订双边协定才得以实现的。

不过，官方协定禁止奴隶贸易，事实上并不意味着这件事就能立刻展开。进入 19 世纪，巴西和古巴仍在大量输入奴隶，相比之下，波多黎各输入的奴隶人数则少很多。19 世纪 30 年代，巴西迎来了"咖啡时代"，而古巴因采用新技术而迎来了大规模甘蔗种植园的繁盛期，非法奴隶贸易因此越发活跃。

英国海军对这些非法奴隶贸易的监管取得了很大成效。他们在非洲沿岸设置据点以监视奴隶贸易，一旦发现奴隶船或可疑船只立即缉捕，并将之送到塞拉利昂的弗里敦，在该处接受英国与当事国法官的联合法庭审判，一旦判定为奴隶船，船上装载的所有奴隶都会被解放。

表 10 为 1834 年在弗里敦联合法庭接受审判的 10 艘奴隶船的情况汇总。首先，这仅限于英国与西班牙、英国与葡萄牙之间的联合法庭。据说是因为这一时期奴隶的输出目的地大多

集中在西属古巴和巴西。虽然巴西已经完全从葡萄牙统治下独立，但前往巴西的奴隶船大多悬挂的是葡萄牙国旗，因此接受英国与葡萄牙之间的联合法庭审判。此外，捕获地点多集中在西非海湾，偶尔也会在巴西沿岸以及表 10 中并未记载的加勒比海。

表 10　在弗里敦联合法庭接受审判的奴隶船（1834 年）

船名	联合法庭名	捕获日期	捕获地点	抵达弗里敦所需天数	捕获的奴隶人数	接受审判的奴隶人数	备注
复仇者（Vengador）	西班牙	1 月 8 日	卡拉巴尔海湾	36	405	376	377 人登陆，其中 1 人审判前死亡
卡罗利纳（Carolina）	西班牙	2 月 16 日	拉哥斯海湾	25	350	323	—
潘蒂卡（Pantica）	西班牙	4 月 27 日	卡拉巴尔海湾	29	317	269	274 人登陆，其中 5 人审判前死亡
玛丽亚·伊莎贝尔（Maria Isabel）	西班牙	8 月 5 日	—	26	146	130	134 人登陆，其中 4 人审判前死亡
阿罗甘·马塔费萨纳（Arrogante Mayagüesana）	西班牙	9 月 17 日	蒙罗维亚南约 900 公里处	3	336	288	309 人登陆，其中 21 人审判前死亡
佩皮塔（Pepita）	西班牙	6 月 30 日	喀麦隆河（萨纳加河）	36	179	153	—

续表

船名	联合法庭名	捕获日期	捕获地点	抵达弗里敦所需天数	捕获的奴隶人数	接受审判的奴隶人数	备注
因特加朵拉（Indagadora）	西班牙	10月31日	阿克拉南约650公里处	13	375	361	—
克莱门特（Clemente）	西班牙	11月3日	拉哥斯南约600公里处	16	415	401	403人登陆，其中2人审判前死亡
玛丽亚·达·格洛里亚（Maria da Gloria）	葡萄牙	1833年11月25日	里约热内卢海湾	97	423	—	—
塔麦加（Tâmega）	葡萄牙	6月14日	拉哥斯海湾	20	442	434	436人登陆，其中2人审判前死亡

资料出处："Returns of Vessels brought before the Courts of Mixed Commission 1830—4", *British Parliamentary Papers: Slave Trade*, vol. 89, pp. 9-21.
注：423 人中有 10 人在里约被诱拐，78 人在送往塞拉利昂途中死亡，26 人在审判前死亡，剩余 309 人随船舶一起被交还给船长。船长将其中 64 名病人移交给英国政府，带走了其余 245 人。这是一起非法缉捕后又归还的案例。

1819—1845 年，被审判的奴隶船共计 623 艘之多，其中 528 艘被送到弗里敦（约 85%）。除此以外，50 艘（约 8%）被送到哈瓦那，44 艘（约 7%）被送到里约热内卢等。

如此一来，塞拉利昂成为各种族黑人奴隶们的遣送地。1808 年，该地已经完全变成了英国的直辖殖民地。

图 3-10　英国海军缉捕奴隶船

["响尾蛇号"（Rattler）正在缉捕巴西奴隶船 "安多里尼亚号"（Andorinha）
（《伦敦新闻画报》1849 年 12 月 29 日号）。该奴隶船与双桅纵帆船① "阿米斯
塔德号" 为同一船型，由美国制造。]

　　截至 1814 年，在塞拉利昂被解放的非洲人约有 6500 人，
其中约 3500 人留在了塞拉利昂，约 2000 人加入了英国海军，
剩余的或返回了故乡，或走向了死亡，还有一些非洲人再次沦
为奴隶贸易的牺牲品。到 1814 年为止，解放的非洲人占殖民
地总人口的 3/5 以上。因此，在英黑人、来自新斯科舍的黑人
以及牙买加马龙人出身的黑人们逐渐成了少数派。

---

① 双桅纵帆船，又称斯库那或斯库纳帆船，所有桅杆均挂纵帆。桅杆多于两根时
可称为多桅纵帆船或多桅斯库纳，历史上曾有多达七桅的帆船。

七、奴隶贸易的终结

巴西的咖啡种植园

如前所述，从 19 世纪初开始，各国先后宣告禁止奴隶贸易，但奴隶贸易并没有立刻消亡，该世纪仍在输入奴隶的国家主要是巴西和古巴。英国海军尽管对西非沿岸及其他地区进行监视，但所捕获的奴隶船只不过是冰山一角。1811—1867 年登岸的奴隶人数多达 264 万人，其中仅巴西就有 170 万人。

追溯巴西的历史，在 16 世纪后期至 17 世纪，东北部的巴伊亚及伯南布哥以砂糖生产为重心，18 世纪，东南部北侧的米纳斯吉拉斯因黄金生产而崭露头角。进入 19 世纪后，东南部的里约热内卢及圣保罗地区成为咖啡生产的重镇。无论是砂糖生产还是黄金生产，抑或咖啡生产，奴隶劳动都是不可或缺的条件。

18 世纪，巴西虽然各地均生产咖啡，但无一不是面向当地市场。面向世界市场的生产活动是进入 19 世纪以后开始的，海地革命对此有着巨大影响。由于革命的爆发，海地的咖啡生产量锐减，而另一方面，同一时期的美国、欧洲等地对咖啡的需求量却急剧增加。1831 年，巴西的咖啡出口额在全世界咖啡贸易出口总额中占据第一位，比海地咖啡生产峰值时期（1791 年）的产量还要多。进入 19 世纪 50 年代，巴西的咖啡生产量已经超过全世界咖啡生产总量的五成。

英国的奴隶贸易镇压政策

1822 年，巴西从葡萄牙统治下独立后，持续受到来自英国的外交压力。1826 年两国缔结不列颠巴西条约，协定三年后全面禁止巴西的奴隶贸易。这样一来，从 1830 年开始，巴西的奴隶贸易即全部转变为非法化。

不过，如前所述，巴西此时正是咖啡生产规模急剧扩大的时期，对奴隶的需求量也是一路飙升。即便如此，1831 年佩德罗一世（Pedro Ⅰ）退位后，自由主义政府成立，还是制定了全面解放巴西输入奴隶的相关法案。因此，19 世纪 30 年代前半期巴西的奴隶输入人数骤减。

但是，进入 19 世纪 30 年代后半期，代表大地主阶层的保守派势力抬头，不列颠巴西条约成了一纸空文，地下秘密奴隶贸易开始泛滥。事实上，巴西的奴隶价格在这一时期增长至原先的 3 倍以上。另一方面，受各国禁止奴隶贸易的影响，非洲沿岸的奴隶购入价格大幅下降，为追求利润链而走险参与奴隶贸易的商人却有所增加。贝尔纳迪诺·德·萨（Bernardino de Sa）即其中之一。

贝尔纳迪诺大概是出生于葡萄牙，在里约经营着一家小商店，同时也参与奴隶贸易。19 世纪 30 年代中期，他拥有了自己的奴隶船，在赤道以南的非洲沿岸开设贸易据点，用英国产的棉织品来交换、获取奴隶。为了躲避英国海军的缉捕，他的奴隶船悬挂着葡萄牙国旗。他通过奴隶贸易迅速积累了财富，成为资本家，在政治方面也具有较强的影响力，成为里约热内卢声名显赫的人物。此外，他还被葡萄牙的玛丽亚·达·格洛里亚女王（Maria da Glória）授予男爵称号，跻身于巴西的名流社会。

为躲避缉捕而悬挂他国国旗的案例不胜枚举，其中大多悬挂的是美国的星条旗。1839 年，英国议会通过了《巴麦尊法案》（Palmerston's Act），授予英国海军可缉捕葡萄牙奴隶船的权利。在那之后，美国巴尔的摩市（Baltimore）建造的奴隶船出口巴西时，船上均悬挂星条旗。那是一种"可以如乘风飞驰般航行"的快速帆船（Clipper）。

另一方面，英国海军的西非舰队在 19 世纪 40 年代拥有超过 36 艘船舶，可容纳海军将士 4000 人以上。然而由于它们又小又旧，想缉捕那些船速很快的新奴隶船极其困难。即便如此，据推算，英国海军还是于 1808—1867 年在大西洋上共拦截奴隶船超过 1600 艘，船上装载的奴隶约 16 万人。

19 世纪 40 年代后期，巴西的奴隶进口迎来终结。1845
年，英国议会通过了《阿伯丁法》（Aberdeen Act），授权英
国海军可以在任何地方缉捕巴西的奴隶船。就这样，英国海军
进入巴西领海，对非法奴隶船进行缉捕。就此，巴西政府也于
1850 年制定了《奎罗斯法》（Eusébio de Queirós Law），将
奴隶贸易活动定义为海盗行为，并强行关闭了里约及其他地区
奴隶贸易港的装卸场和事务所。如此一来，持续约 300 年的巴
西奴隶贸易画上了终止符。

"阿米斯塔德号"事件

接下来讨论一下古巴和美国。19 世纪，奴隶进口人数仅
次于巴西的是西属古巴，其原因是 18 世纪末古巴的砂糖产业
急剧扩大。

1792 年古巴制糖工厂的数量为 473 家，砂糖生产总量为
14600 吨。1802 年，工厂数量为 870 家，生产总量为 40800
吨。到了 1859 年，工厂数量为 2000 家，生产总量激增至
536000 吨。单从砂糖生产总量来看，与 1792 年相比，1859 年
实际增长了 36.7 倍。1859 年在以甘蔗为原料的世界砂糖生产
总量中，古巴约占三成，位居第一。奴隶人口也从 1792 年的
64600 人增至 1859 年的 364300 人，增加了 5 倍以上。

与巴西的咖啡生产一样，古巴砂糖生产规模的急剧扩大
也受到了海地革命的巨大影响。海地是 18 世纪后半期世界上

最大的砂糖生产地，但大规模奴隶起义的爆发使其砂糖产业陷入崩溃，而古巴的砂糖生产正逐渐崛起并取而代之。海地的资本和技术直接转移到了古巴。

毫无疑问，支撑起这场急速增长的便是奴隶贸易。正如第一章所述，西属美洲的奴隶输入最初依赖于奴隶贸易专营权制度形成的奴隶贸易活动。然而 1762 年以后，奴隶贸易专营权被废除，奴隶贸易进入了自由化时代，西班牙虽迟到，但最终仍参与奴隶贸易中来。后来，英国在 19 世纪初废止了奴隶贸易，且为阻止他国奴隶贸易而在外交和军事方面强力施压。西班牙的奴隶贸易活动也属于英国的施压对象。

在这样的历史背景下，"阿米斯塔德号"事件爆发了。该事件因 1997 年斯皮尔伯格导演作品《勇者无惧》的上映而广为人知。电影与历史事实之间存在些许出入，下面我将基于历史事实来聚焦这一事件。

事件的主人公是一位名叫辛奎（Joseph Cinque，如图 3–11）的青年，出生在塞拉利昂的门德（Mende）部落，与妻子育有三个孩子。1839 年，25 岁的辛奎被诱拐，并被装上葡萄牙的奴隶船"泰科拉号"（Tecora）。

图 3–11　辛奎（1839 年左右的版画，现藏于美国国会图书馆）

该船避开英国海军的监视，于同年6月抵达古巴西北部哈瓦那附近的港口。不久，辛奎便与其他48名男性、3名少女、1名少年一起被卖给了西班牙奴隶商人何塞·路易兹（Jose Ruiz）和佩德罗·蒙特斯（Pedro Montes）。按计划，53名奴隶将要被送至东部的太子港。

讽刺的是，运送他们的奴隶船"阿米斯塔德号"这一名字在西班牙语中是"友谊"的意思。船上有船长及两名船员、客舱服务员、厨师及厨师的两名奴隶，共计7人。当然路易兹和蒙特斯也在船上。1839年6月28日，该船出发前往太子港。

据说船上的奴隶们白天并未被锁住，可以自由活动。通常来说，到达目的地只需3天左右，但由于无风，船几乎没有前行。以辛奎为首的奴隶们一遍又一遍地研究着"叛乱"计划。事实上，49名男性奴隶几乎都是来自门德部落。

6月30日晚上，奴隶们像往常一样被锁上脚镣。辛奎用事先准备好的钉子打开自己的脚镣，又帮其他奴隶也打开了脚镣。奴隶们搜索船舱，寻找武器，发现了砍伐甘蔗用的大砍刀。翌日4点左右，"叛乱"拉开序幕。船长和厨师很快被杀死，两名船员在"叛乱"开始时即刻搭乘小船逃跑了，路易兹和蒙特斯被迫投降。

就这样，辛奎等人控制了"阿米斯塔德号"，打算向目的地非洲故乡进发。但是，奴隶们不懂航海技术，只好命令路易兹和蒙特斯驾船驶向非洲。不过，这两名西班牙人白天朝非洲的方向行驶，一到晚上就调整方向，意欲向美国沿岸驶去。

辛奎虽然对此有所怀疑，但船上的水和食物即将耗尽，于是就恳求途中遇到的其他船船长，用金币换取了水和食物。即便如此，航海途中还是有 10 名同伴死亡。在此期间，"阿米斯塔德号"已经在美国东海岸被目击多次，还登上了新闻报道。结果，"阿米斯塔德号"被格德尼（Thomas R. Gedney）大尉指挥的美国海军军舰"华盛顿号"捕获，于 8 月下旬抵达康涅狄格州的新伦敦港，在美国海军的监管下被留置。

在美国的审判

就这样，康涅狄格州的地方法院开庭审理了此案。为了解"阿米斯塔德号"上究竟发生了什么，担任法官的贾德森（Andrew Thompson Judson）听取了相关人员的陈述。西班牙人的证词听起来"天衣无缝"，因此根据路易兹和蒙特斯的证词，辛奎等人以杀人罪及海盗罪被起诉。

另一方面，虽然有鲍德温（Roger S. Baldwin）等人担任辛奎等被告人的辩护律师，但问题是没有人可以听懂门德人的语言。不久之后，他们找到了一位名叫柯维（James Covey）的门德人。柯维幼时曾被当作奴隶装上奴隶船，英国海军捕获那艘船后，将其带至塞拉利昂并予以解放。他在当地的教会学校学习英文，后来成为英国船舶的船员。就这样，辛奎等人对事件的陈述终于得以成功完成。

几乎在同一时间段内，关注"阿米斯塔德号"的美国废奴运动人士们成立了支援非洲人的组织。德怀特·珍妮（Dwight Jane）在旁听审理过程后，召集同伴于 9 月 7 日成立了阿米斯塔德协会，参与成员有纽约奴隶解放报《解放者》（Emancipator）的总编乔舒亚·勒维特（Joshua Leavitt）、黑人教会的牧师西蒙·乔斯林（Simeon Jocelyn）、富有的实业家路易斯·塔潘（Lewis Tappan）等。以该组织为中心，他们找到了柯维，募集了资金，并聘请了优秀的辩护律师，希望通过将审判引向胜利以推动美国的奴隶解放运动。

审判的争议点错综复杂。控诉方希望以杀人和海盗行为等刑事罪状判决辛奎等人，同时还提出对船舶及其上面装载的货物、奴隶们的所有权等相关请求。该审判不仅涉及美国与西班牙的奴隶贸易相关政策，还与英国的禁止奴隶贸易政策有关。

翌年，即 1840 年 1 月，贾德森法官作出了如下判决。若"阿米斯塔德号"及船上装载的货物被出售，美国海军格德尼上尉有权获得所售金额的 1/3，但并不包括船上的非洲人。一是因为辛奎等人违反了西班牙法律，须被带至古巴；二是他们并非所有物，而是人类。他们是为获取自由而发动的叛乱，因此应该让他们返回非洲。判决结果一宣布，非洲人、辩护律师团、废奴运动人士们顿时欢声雷动。

然而，这份喜悦数日后便消失殆尽。当时的美国总统范布伦（Martin Van Buren）考虑到与西班牙的外交关系，下令必须采取上诉手续。于是，审判的舞台随即转到了联邦最高法院。

就在此时，约翰·昆西·亚当斯（John Quincy Adams，如图 3-12）加入辩护律师团。他是位大人物，拥有丰富的政治经验，曾于 1825 年就任美国第 6 任总统。1841 年 2 月，最高法院开始公审。鲍德温花相当长的时间陈述了辛奎等人所遭遇的灾难及原委，强调他们并未触犯美国法律，政府无权将他们送至古巴。接着，亚当斯又发表了漫长的演说，其中最为重要的是，谴责范布伦总统干涉审判的行为对美国司法制度之根本造成了威胁。

同年 3 月 9 日，联邦最高法院作出了非洲人自由的最终判决。人类有捍卫自由的权利，即使采取了可怕的行动，也属无奈之举，不应为此受到惩罚。

当非洲人听到这则消息时，原本应该欢呼的他们却是半信半疑。而另一方面，阿米斯塔德协会对这一结果极为满意，依据该判决结果撰写了书籍和手册，大肆宣传。以《解放者》为代表的奴隶解放相关报纸也称赞该判决是一场重大胜利，意欲借此

图 3-12　约翰·昆西·亚当斯（1850 年左右，现藏于美国大都会艺术博物馆）

推动奴隶解放运动。该协会募集资金，为辛奎等 35 人返回非洲准备了一艘船，船上还有 5 名牧师同行。该船于 1841 年 11 月出发，翌年 1 月抵达塞拉利昂的港口。

古巴的奴隶贸易于 1866 年被禁止。如此一来，大西洋奴隶贸易在奴隶们自身的拼命抵抗下，在废奴运动人士们的辛苦努力下，在各国多种多样政治、经济、外交考量的共同作用下，持续了漫长的 400 年岁月后，终于迎来终结。在此期间，废除奴隶制运动也正在快马加鞭地向前推进着，这便是本书的最后一章，即下一章即将探讨的课题。

第四章

从废除奴隶制至现代的漫漫征途

一、向废除奴隶制前行

反奴隶制协会的成立

1807 年禁止奴隶贸易以后，英国废奴主义人士最重要的课题便是废除奴隶制本身。不过，他们做出了如下预判，即期待以自然而然循序渐进的方式废除奴隶制。也就是说，因奴隶贸易被禁止，殖民地无法引入新的奴隶，只能调配现有的劳动力以继续经营种植园，为此就不得不改善奴隶的劳动和生活条件，随着待遇不断地被改善，最终奴隶制本身也会被废除。

基于这样的设想，他们在禁止奴隶贸易不久以后就开始关注如何解决殖民地奴隶的待遇问题。与威尔伯福斯妹妹结婚的詹姆斯·斯蒂芬是一名克拉珀姆教徒，他主张必须在各殖民地建立奴隶登记制度，以便监管英属西印度群岛殖民地的奴隶人口。殖民地中有些人虽然持反对态度，认为这项制度是宗主国政府对殖民地内政的干涉，但最终还是接受了这一制度。

1817 年，英国议会正式通过了奴隶登记法，并于 1820 年 1 月
1 日开始实施。

　　制定这一法律有两个目的。第一，调查各殖民地的奴隶
人口，明确记载每一名奴隶的年龄、性别、姓名、业务能力
等，以监管非法奴隶输入。第二，计算出奴隶的出生率和死亡
率，以便政府准确评估出奴隶的待遇是否得到了改善，以及是
否促进了出生率的提高。斯蒂芬期待通过建立登记制促使种植
园主努力改善奴隶的境况。登记每三年实施一次。

　　到 1820 年，废除奴隶制运动的整体进展都很缓慢。因为
经济不景气，人们对社会改革的关心程度也大大降低。不过，
到了 1821 年，废除奴隶制运动又掀起了一股新的浪潮。该
年，以詹姆斯·克罗珀（James Cropper）为领导人的反奴隶制
协会在利物浦成立。克罗珀是贵格会教徒，也是一名商人，在
与东印度砂糖相关的贸易方面起着主导性作用。

　　克罗珀深感中央组织在反奴隶制运动中的必要性。另一
方面，威尔伯福斯、斯蒂芬、麦考利等人也开始认为有必要成
立新组织以便推动奴隶的渐进式解放。因此，1823 年 1 月 31
日，全国性组织反奴隶制协会①在伦敦成立。

　　这一次，一些曾致力于禁止奴隶贸易的老成员也参与了进
来，不过这次处于主导地位的是新一代的年富力强者。多数在

---

① 正式名称为"改善暨渐进式废除奴隶制之协会"（London Society for
the Mitigating and Gradually Abolishing the State of Slavery Through
Out the British Dominions）。

第三章中曾提及的非洲协会成员也参与其中。名誉会长由格洛斯特公爵担任，副会长有 26 人，其中包括以监狱改革而声名大噪的斯蒂芬·卢辛顿（Stephen Lushington）、贵格会教徒酿酒商人托马斯·福维尔·巴克斯顿（Thomas Fowell Buxton）等下院议员 15 人，还包括 2 名上院议员。在议会上院，由萨菲尔德男爵（3rd Baron Suffield）担任领导发言人。与禁止奴隶贸易运动情况一样，反奴隶协会成员也多为克拉珀姆派和贵格会教徒，但这次组织规模之大是当初的禁止奴隶贸易运动无法比拟的。

该协会具体课题涉及许多方面，包括禁止礼拜日劳动、推进宗教教育、奴隶结婚合法化、承认奴隶自身的所有权、承认奴隶在法庭上的证言、解放女性奴隶所生育的子女，等等。据 1824 年 6 月召开的第一届年度大会报告显示，英国各地成立反奴隶制协会支部共计 220 个，向议会提出改善奴隶待遇及渐进式废除奴隶制请愿书多达 825 件。

议会方面，1823 年 5 月巴克斯顿在下院说明了反奴隶制协会的成立意图，主张奴隶制与英国政体及基督教原则水火不容，应解放奴隶新生儿，在充分考虑当事人相互利益的基础上渐进式地废除奴隶制度。这一发言多少缓和了种植园主等西印度群岛相关利益方心中的不安。因为发言内容既包含了考虑种植园主们利益的必要性，又不曾明确指出废除奴隶制的具体时间。

不过，也有些种植园主直接表明反对废除奴隶制。他们作为奴隶的所有者，反对一切侵害自己对奴隶所有权的事情。在某些人一直以来根深蒂固的观念中，黑人即"劣等人种"，就是为了身居从属地位而生的。

圭亚那的奴隶"叛乱"

那么，奴隶的劳动和生活状态，会如反奴隶制协会期待的那样有所改善吗？我们来看几个指标。

英属西印度群岛的砂糖生产总量从 1815 年的 16.8 万吨增加到 1828 年的 21.3 万吨，但是不同岛屿及地域增减的幅度有所差异。牙买加从 8 万吨减少到了 6.8 万吨，而圭亚那从 1.7 万吨增加到了 5.6 万吨，增幅达 3 倍以上。另一方面，奴隶人口总数从 1815 年的 74.3 万人减少至 1828 年的 69.6 万人，减幅不大，但实际劳动的奴隶人数却大幅减少。因为出生率停滞，年龄构成整体呈现出高龄化倾向。

虽然不同的殖民地情况各异，但自从禁止奴隶贸易以后，奴隶的劳动条件整体变得更加残酷了。

例如，反奴隶制协会自 1825 年 6 月起发行的机关刊物《反奴隶制度月报》（*Anti-slavery Monthly Reporter*）于该年 10 月号上登载了一篇关于在圭亚那种植园工作的奴隶山姆的故事，描述了 1820 年 8 月前后的情形。山姆表示，他每天的工作量不断增加，被安排的工作根本无法顺利完成，为了追赶之前休息日余下的工作而不得不接受更高强度的劳动。他的妻子也是一样，必须在女主人家中被监视着工作 6 天。如前所述，在圭亚那，与砂糖生产量的大幅增长相反，同时期奴隶人口从 104000 人减少至 94000 人，减幅不大。

在此背景下，1823 年 8 月，圭亚那德默拉拉河东岸地区爆发了奴隶"叛乱"。约 2000 名种植园奴隶为了寻求更好的劳动生活条件，围攻了种植园管理人和殖民地当局。该年的 1 月，反奴隶制协会成立，随后提出议案要求本国政府改善奴隶的待遇，该消息传到圭亚那后鼓舞了当地奴隶，遂引发了本次"叛乱"。像法国本土废除奴隶制的消息给黑人们带来了巨大影响进而导致杜桑等人揭竿而起的海地革命一样，各种各样的信息跨越大西洋往来传送。

"叛乱"的奴隶们要求，在礼拜日之外追加三天休息日以便耕种自家菜园。在圭亚那，奴隶们可以从种植园主手中获取菜园，栽种和饲养一些自家消费的蔬菜及禽畜，富余的粮食便拿到礼拜日的集市上卖掉。因此，种植园主就没有必要再给奴隶们分配粮食了。另外，除了种植园的劳动，奴隶们还可以为了自己的收益而努力劳动，虽然微不足道，但也算是恢复了一点自主性。除了圭亚那，牙买加等也引入了这一制度。

然而，殖民地当局并未接受奴隶们的要求，最后凭借武力镇压了"叛乱"。据说战斗过程中有 100—150 名奴隶丧命。法院起诉了 72 人，其中 52 人被判死刑，16 人被处以鞭打 1000 次的惩罚。

图 4-1　圭亚那的"奴隶叛乱"（出自 Joshua Bryant, *Account of an Insurrection of the Negro Slaves in the Colony of Demerara*, 1824）

　　圭亚那的奴隶"叛乱"在英国本土引起了极大关注，其关键人物是 7 年前开始在殖民地当地开展传教活动的牧师约翰·史密斯（John Smith）。他受伦敦传教协会（国教会派，The London Missionary Society）的派遣，在当地传播基督教的福音，劝说奴隶们皈依基督教。他表示自身的第一要务就是与贫困的奴隶们在一起。史密斯真诚地开展着工作，在与奴隶们接触的过程中，对他们的贫困、过度劳动、被虐待等感到震惊。

　　史密斯的助理牧师、身为奴隶的夸米纳·格莱斯顿（Quamina Gladstone）是"叛乱"的首领，史密斯因此也被卷入了奴隶"叛乱"，并以怂恿奴隶发动叛乱的罪名被逮捕入狱，判处死刑。国王乔治四世虽然签署了缓期执行的文书，但在文书送达圭亚那之前，史密斯就患热病离世了。

史密斯之死还登上了报纸，人们认为是残忍的奴隶制度所致。他被奉为圭亚那的殉教者，并引起了英国本土人们的关注。

转向即刻废除

19 世纪 20 年代中期，史密斯的死讯传播开来，各殖民地议会采取措施阻挠改善奴隶待遇的情势日益明显，反奴隶制运动开始在民众中掀起高潮。与 18 世纪 80 年代及 90 年代的禁止奴隶贸易运动一样，反奴隶制运动借助于各种小册子和新闻报道的力量迅速展开。1823—1831 年，反奴隶制协会共制作发行了 280 万部小册子。其结果是，1828—1830 年，向议会提交的要求渐进式废除奴隶制的署名请愿书多达 5000 件。

例如，1824 年发行的小册子《反对奴隶制》中有这样令人动容的记述：英属西印度群岛上有 80 万同胞在野蛮无耻的奴隶制压迫下遭受着苦难，奴隶们没有工资，也得不到足以满足身体所需的食物，还常常遭受监工的虐待。

这些小册子中最直刺人心的话语是，购买和消费西印度生产的砂糖与奴隶们的日常苦难直接相关。即质问如果这个国家的居民有 1/10 停止消费砂糖，是否就可以使 80 万被压迫的人们获得自由？这与在为禁止奴隶贸易而发起的抵制砂糖运动中所使用的宣传话语如出一辙。

不过，该时期的大众运动发生了较大变化。一是不再提倡渐进式废除奴隶制度，而是倾向于即刻废除奴隶制度的运动越发活跃。二是越来越多的女性参与到运动中，而且她们在其中扮演的角色也越发重要。

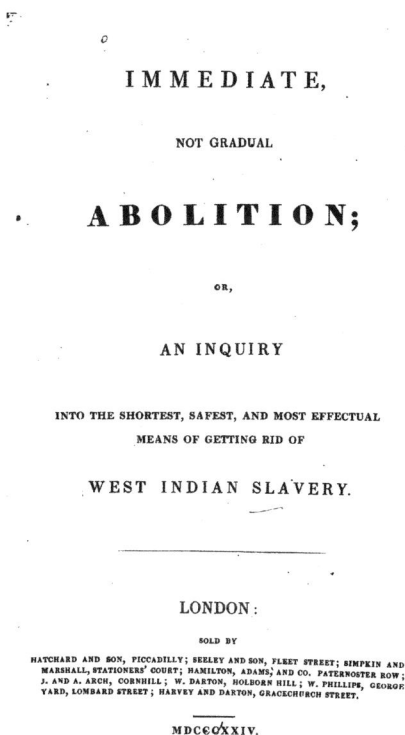

IMMEDIATE,

NOT GRADUAL

ABOLITION;

OR,

AN INQUIRY

INTO THE SHORTEST, SAFEST, AND MOST EFFECTUAL
MEANS OF GETTING RID OF

WEST INDIAN SLAVERY.

LONDON:

SOLD BY

HATCHARD AND SON, PICCADILLY; SEELEY AND SON, FLEET STREET; SIMPKIN AND
MARSHALL, STATIONERS' COURT; HAMILTON, ADAMS, AND CO. PATERNOSTER ROW;
J. AND A. ARCH, CORNHILL; W. DARTON, HOLBORN HILL; W. PHILLIPS, GEORGE
YARD, LOMBARD STREET; HARVEY AND DARTON, GRACECHURCH STREET.

MDCCCXXIV.

图 4-2　小册子《不要渐进式废除，要即刻废除》（1824 年）

提出即刻废除奴隶制的小册子中最重要的是 1824 年发行的《不要渐进式废除，要即刻废除》（如图 4-2），其著者是贵格会教徒伊丽莎白·海里克（Elizabeth Heyrick）。

这本小册子首先宣称，我们所有人都支援着奴隶制度的存续，因此我们都有罪。也就是说，西印度群岛的种植园主和这个国家的公民都是偷盗物品的贼，也都是受益者，因而彼此都站在相同的道德立场上。购买奴隶生产的产品，会刺激所有非法、掠夺、悲惨事件的发生。作者呼吁："事实上，每一个英国国民都在支援着奴隶制度。我们必须直面这一现实，彻底废除奴隶制度。"

再者，这本小册子中的如下主张尤其值得一提：英国在反对奴隶制的请愿活动上已经耗费了太多的时间，现在到了应该采取其他更快更有效方法的时候，其根据就是海地奴隶解放运动的例子。海地的奴隶解放及其后来的历史，完全驳斥了那些"巧妙地"拒绝即刻废除奴隶制度构想的观点。海地 50 万人以上的奴隶突然获得解放，却并未做出不良行为，也未出现罢工情况。不仅如此，对过去受到的不公对待展开报复或虐杀的情况也并未发生。可见，即刻废除奴隶制度不仅可行，而且不会带来什么危险。

奋力疾呼的女性们

在呼吁即刻废除奴隶制的同时，女性们也开始参与相关运动。1825 年 4 月 8 日，女性反奴隶制协会在伯明翰国教会福音派牧师之妻露西·汤森德（Lucy Townsend）的家中成立了。该协会的成立与克拉克森息息相关。1823—1824 年，克拉克森奔波于英格兰和威尔士各地，希望建立起反奴隶制组织。他鼓励汤森德，并将伯明翰的贵格会教徒塞缪尔·劳埃德（Samuel Lloyd）介绍给她，其妻子玛丽·劳埃德（Mary Lloyd）也参与了该协会的成立。

在接下来的一年中，伯明翰的女性组织以英格兰中部为中心联系起各地区的女性组织，结成了全国性的女性协会。该协会将"改善不幸的非洲儿童，尤其是女性黑奴的处境"作为成立决议的第一项内容，并且在第八项内容中宣称，"我们要坚持斗争，直到不再允许皮鞭落在无力抵抗的女性奴隶身上，直到我们的同胞不再如动物一般被买卖，直到所有的黑人女性都能以自由人的身份拥抱刚出生的婴儿为止"。

截至 1829 年，该协会的组织已扩展到布里斯托、普利茅斯、曼彻斯特、都柏林等地，也联结了许多没有设立反奴隶制协会支部（男性组织）的城镇。与其说它是反奴隶制协会的支部，倒不如说是一个独立的组织。当然，因为与反奴隶制协会的目的多有重合，所以在开展运动时彼此合作也很多。女性协会不仅影响威尔士和英格兰，还波及好望角、塞拉利昂、加尔各答等地。

在英国监狱改革、动物保护等改革运动中，女性也是参与的主体，但如同前文提及的抵制砂糖运动一样，这些运动中以女性为主体广泛参与的程度与废奴运动根本无法比肩。

反奴隶制协会机构委员会

在反奴隶制协会内部，虽然也有像威尔伯福斯一样执着于渐进式废除奴隶制的废奴主义人士，但时代的趋势已然转向了即刻废除。1828 年，协会决定推动议会外运动的开展，最初予以响应的便是上述伯明翰的女性协会。伯明翰团体向各地派遣巡回演说家，提高地方民众对即刻废除奴隶制的关注度，激活地方组织，或者制订成立新组织的计划，并加以实施。

反奴隶制协会受伯明翰团体一系列活动的启发，于 1831 年 6 月组织成立了机构委员会，选拔巡回演说家，并派往各地。这些演说家在英国各地举办集会，具体说明殖民地奴隶制度的真实状况，强调废除奴隶制度的必要性。

让我们来看几个案例。1831 年 10 月 24 日晚上，英国中部鲍尔多克某集会场所举办了一次演讲，据说因人员爆满而未能进入会场的多达 200 人。第二天在坎特伯雷举办的集会有 300 人参加。这次集会除巡回演说家外还有 5 人登台演讲，募集到捐款 16 英镑有余，并以市长作为会长成立了反奴隶制组织。翌年 1 月 12 日，在林肯郡福金厄姆举办的一次集会中，尽管当地居民仅有 800 人，与会人员却多达 150 人，且其中多数是女性。如此充满热情的集会在各地陆续上演。

为机构委员会提供资金支持的是著名的贵格会教徒及各地女性组织。贵格会教徒方面，曾参与禁止奴隶贸易运动的韦奇伍德家族及克罗珀家族等名字均出现在捐赠人员名单上。在反奴隶制女性组织方面，则有伦敦、曼彻斯特、普利茅斯、诺丁汉、达拉姆等 13 个地方组织捐赠了资金。

运营反奴隶制协会机构委员会的是激进的废奴主义人士。他（她）们厌倦了那些拥护渐进式废除者们的拖延策略及伺机而动战术。此外，如前所述，事实上英属西印度群岛的奴隶生存状态不仅没有改善，反而进一步恶化了。

在漫长且持续的渐进式废除奴隶制向即刻解放奴隶的战术转变过程中，机构委员会起着举足轻重的作用。触动人们突然转向即刻解放奴隶的关键，在于他们意识到奴隶制是与基督教教义相悖的重大罪恶。人们为了遵从良心，安宁地生活，必须即刻清除罪恶。前述海里克的小册子中充满了这种基督教的责任感。

牙买加的奴隶"叛乱"

英国决定废除奴隶制度的另一个重要原因是 1831 年牙买加的奴隶"叛乱"。

该岛在 1655 年克伦威尔（Cromwell）执政时期沦为英国的殖民地，在 18 世纪成为英属西印度群岛最大的砂糖殖民地。该地区的奴隶人口在 1817 年约为 34.4 万人，1832 年约为 31.8 万人，由此可见，这里的奴隶人口也呈现出缓慢减少的趋势。

这次起义事件以牙买加西部的圣詹姆斯教区为中心，广泛波及汉诺瓦教区、威斯特摩兰教区、特里洛尼教区、圣伊丽莎白教区等多个地区，最终约有 6 万名奴隶群起响应。综观整个牙买加，这次起义无论在面积上还是在奴隶人口上的占比都接近二成。起义过程中有 540 名奴隶、14 名白人死亡。即使与前述圭亚那的奴隶"叛乱"相比，也无疑是一场大"叛乱"。

这场奴隶"叛乱"也被称为"圣诞节"叛乱""或者"浸信会（Baptist）战争"。因为是在 1831 年圣诞节那天发起的，而参与"叛乱"的奴隶们又大多受到过当地浸信会的影响。因此，"叛乱"被镇压后，牙买加的浸信会牧师们被追责。不过另一方面，他们回到英国后，成为生动描述当地状况的宣传者，为唤起废除奴隶制度的舆论做出重要贡献。

图 4—3　牙买加的种植园风光（James Hakewill, *A Picturesque Tour of the Island of Jamaica*, 1825）

19 世纪 20 年代，牙买加的砂糖种植园走向全面衰退，特别是西部地区尤为明显。特里洛尼教区在 1828—1833 年间 1/3 的农场被出售，砂糖生产处于停滞状态。圣詹姆斯教区、汉诺瓦教区的情况也基本一致。剩余的砂糖种植园为了应对国际砂糖价格下降、保证利润，只得拼命耕作土地，驱使奴隶。可以说，牙买加的奴隶处境不但没有改善，反而还在进一步恶化。

1831 年无论对种植园主还是对奴隶来说都是激烈动荡的一年。该年的 7 月至 8 月，部分教区种植园主召开集会，谴责宗主国的反奴隶制派行动，请求宗主国政府不要向反奴隶制派再做出过多让步。

另一方面，奴隶们认为，尽管解放奴隶的帝国法案已经尘埃落定，但牙买加的白人却拼命阻碍该法案的履行。与此相关的各种传言满天飞。例如，"穆拉托人已经获得了自由，黑人们也将很快获得自由""自由已经到来，却被暂时保留""要解放就必须战斗""帝国的陆海军不会与奴隶交战，而是会保护奴隶"。

1831 年 4 月，起义的领导集团秘密集会，10 月，干部组织组建完成，并在瑞特利浦（Retrieve）农场一个名叫约翰逊（Johnson）的奴隶家中定期集会。最终选定约翰逊、约克（York）农场的木匠坎贝尔（Campbell）、格林威治（Greenwich）农场的马车夫罗伯特·加德纳（Robert Gardner）、贝尔韦代雷（Belvedere）农场的托马斯·达夫（Thomas Dove）四人为指挥官。

塞缪尔是统管他们四人的领导者。他是浸信会牧师托马斯·伯切尔（Thomas Burchell）的助理牧师，因此可以在蒙特哥教区和圣詹姆斯教区之间自由往返。从其绰号"老爹（Daddy）"便可以看出，夏普是一个深受当地奴隶们信赖的极具个人魅力的人物。

圣诞节当天，他们在干部之一的乔治·格思里（George Guthrie）家中吃晚餐时举行了最后一次集会。夏普指示，奴隶们在圣诞节放假后停止工作，向种植园主提出解放的要求，并避免使用武力。也就是说，他们计划勇敢采取和平的方式罢工。

然而，现实的发展偏离了计划。部分奴隶夺取了火器和手枪，并在种植园主的家中纵火。奴隶"叛乱"的烽火从蒙特哥湾向南一直烧到了 12 公里外的肯辛顿农场。奴隶们接着又向周围的山林防火，一周之内已经基本控制了西部地区。

对此，牙买加的白人们组成民兵组织，后知后觉地准备应战。总督贝尔莫尔（Belmore）要求各教区的民兵组织做好警戒，并组织召开议军会议。1832 年 1 月 1 日，殖民地政府颁布牙买加全境戒严令。由宗主国派来的威洛比·科顿（Willoughby Cotton）司令官率领八十四连队于当日进入蒙特哥湾，要求奴隶们即刻投降。此外，还有一部分军队绕到西南部，对奴隶们形成了夹击之势。

科顿司令官随后用两周时间赶到西北部的"叛乱"地区，但战争已经呈现出游击状态。如前所述，牙买加是马龙人的岛，处处都有藏身之地。即便如此，"叛乱"者们还是于 1 月

24 日被追赶至维尔京溪谷，有 146 名奴隶投降。在此期间，"叛乱"方的指挥官约翰逊、坎贝尔死亡，加德纳与达夫于 1 月 27 日投降，连司令官夏普也被军队俘虏。就这样，2 月 5 日戒严令解除，"叛乱"走向了终结。

"叛乱"中损失最严重的地区是圣詹姆斯教区和汉诺瓦教区。军事法庭及市民法庭于 1832 年 5 月以前相继开庭，结果有 627 人被起诉，其中 344 人被判处执行死刑。被起诉者大部分为男性，女性只有 75 人，其中 2 人被判处死刑。

牙买加奴隶"叛乱"的消息很快就传到了英国本土。不在殖民地当地的种植园主谴责当地非国教会教派，尤其是浸信会牧师对叛乱的干预，同时谴责政府对反奴隶制阵营做出让步是造成奴隶"叛乱"的原因。1832 年 4 月，浸信会牧师伯切尔与威廉·克尼布（William Knibb）归国。克尼布在下院特别委员会上作证，之后又在各地的集会上发表演讲。他极力宣称奴隶制是诸恶之源，并揭露种植园主及其代理人对奴隶施行的暴虐行为。在英国民众看来，克尼布等人是"叛乱"的牺牲者。

奴隶"叛乱"的指导者夏普于 5 月 23 日被执行死刑。他在临死之前发言："白人无权将黑人封印在奴隶制中，我与其作为奴隶而生，不如选择在那绞刑架上死去。"这最后的话语成为感人肺腑的墓志铭而永世流传。

废除奴隶制

英国的政治局面碰巧在这一时期发生了戏剧性的变化。1828 年，英国废除了被视为"旧制度"的审查法（1673 年制定），翌年制定了《天主教解放法案》①。根据此法案，即使非国教徒也可以担任公职或成为议员，此外，爱尔兰的天主教徒被赋予了与基督教新教徒同等的市民权利。

1830 年大选时，热心议会改革的辉格党政权时隔半个世纪后再次掌权。1832 年 6 月，辉格党政权通过了《选举法修正案》，该法案赋予了赞成废除奴隶制度的优秀中产阶级的选举权。

《选举法修正案》通过后的第一次选举于同年 9 月举行，选民从原有的 40 万—50 万人增至 60 万—80 万人，增加了约 1.5 倍。当时大约 1/7 的成人男性拥有选举权。反奴隶制协会在选举宣传活动中呼吁选民投票给支持即刻废除奴隶制度的候选人。结果，共有 104 名支持即刻废除奴隶制度的候选人当选为下院议员。因此，制定废除奴隶制法案成为议会中最优先考虑的课题。

废奴主义人士们后来又进一步扩大了民众对即刻废除奴隶制度的支持。数千人参与的集会在各地陆续召开。格拉斯哥的女性反奴隶制协会主办的集会甚至有多达 1800 名女性参加。1833 年年初，向议会提交的即刻废除奴隶制的署名请愿

---

① *Catholic Emancipation Act*，又称《天主教救济法》（*Roman Catholic Relief Act*）。

书已达 5000 件以上，署名人数超过 150 万人。

同年 4 月，在伦敦埃克塞特会堂召开的反奴隶制协会大会将废除奴隶制运动推向了高潮。大会强力通过了必须即刻废除奴隶制度的决议，并将这一决议提交给首相及殖民地大臣。此后，卫理公会（Methodist）也收集了 1900 件署名请愿书，不仅如此，其他非国教会教派也收集到了 800 件署名请愿书。

受这一系列行动的影响，英国政府于 1833 年 5 月开始讨论制定废除奴隶制法案。尽管废除的大方向很明确，但也不得不考虑种植园主一方的利益。最大的争论点是，废除奴隶制度后奴隶的身份问题。激进派废奴主义人士要求即刻完全解放奴隶，种植园主则为维持种植园里的劳动力而主张实行"契约劳工制"。这一制度在英国原本就有，若施行该制度，契约年限内奴隶必须在原奴隶主手下工作一定的时长。

最终英国政府采纳了种植园主的意见，关于契约年限，规定室外奴隶为 6 年，家庭奴隶为 4 年。也就是说，奴隶被解放后又变成契约劳工，每周必须在原种植园主的手下工作 45 个小时。如果超出规定时长，种植园主则需要向奴隶支付薪资，契约年限结束后，才可获得完全解放。

另一个较大的争论点是，如何补偿种植园主因废除奴隶制度而造成的损失。有观点认为，既然奴隶是"动产"，种植园主丧失了奴隶的所有权后就应当得到与奴隶价值相当的补偿。激进派对此完全反对。不过，考虑到种植园主的利害得失，英国政府还是向他们支付了 2000 万英镑的补偿金。

就这样，1833 年 7 月 31 日，英国政府颁布了废除奴隶制
法案。一年后的 1834 年 8 月 1 日，英属西印度群岛和毛里求
斯正式废除奴隶制度。仅英属西印度群岛就有大约 66.7 万名
奴隶获得解放。然而，据说当时并未举行任何与解放相关的庆
祝活动。

废除契约劳工制

引入契约劳工制度，与其说是担心奴隶获得解放恢复自
由后生活无以为继，倒不如说是因为种植园主不得不依赖原有
的奴隶劳动力来维持种植园运转。成为契约劳工的他们 / 她们
对明明已经获得解放，却仍旧不得不在原奴隶主手下继续劳动
这一事实心怀不满。因为他们一直期待着，奴隶制废除以后，
可以尽情为自己和家人工作。

另一方面，种植园主希望与奴隶制时代一样可以无限制
地奴役契约劳工，对于每周劳动时长超过 45 个小时就要支付
薪资这件事完全无法容忍。契约劳工的愿景与种植园主的期待
存在着巨大落差。

然而从结果来看，种植园主掌握着压倒性的支配力。契
约劳工与种植园主之间大大小小形形色色的纠纷在各殖民地上

演着。为了调解纠纷，英国政府从本土派遣了区域法官①，但这些法官基本作出了有利于种植园主一方的判决。

依照法律施行契约劳工制时，区域法官扮演着非常重要的角色。据说他们每个月必须处理500—600件诉讼，相当辛苦。他们大多在海量的业务中孤立无援，于是自然而然地便会依附种植园主及其代理人。当然，也存在有意识地站在契约劳工立场上的法官，但毕竟是少数，且会遭到种种侮辱和攻击。

因此，一言以蔽之，契约劳工制度的实际形态不过就是"伪装的奴隶制度"。虽然有契约的限制，但其劳动状态与奴隶制度下相比没有任何改变。如同派遣至牙买加的区域法官报告的那样，契约劳工的处境与奴隶制时期相比甚至恶劣数倍。此外，奴隶制度废除后再次返回牙买加的浸信会牧师克尼布在寄回英国本土的报告中记述，契约劳工目前仍然被无情地鞭打，年幼的儿童也被迫在种植园劳动。

于是，1835年5月，几个组织继承反奴隶制协会的遗志，联合起来在埃克塞特会堂召开了反对契约劳工制度的全国大会。同年10月，伯明翰也召开了废除契约劳工制度的集会。主导这一集会的是贵格会教徒、商人约瑟夫·斯特奇（Joseph Sturge），许多女性也参加了这次集会。

1836年10月，反对契约劳工制度的斯特奇等人为调查英

① 英国在每个地区司法管辖区都置有治安法院，这些治安法院由两名或多名非专业性的治安法官（太平绅士）或一名受专业训练的区域法官（旧称"领薪治安法官"）所主持。治安法院属于下级法院，没有陪审团，主要受理轻微的刑事案件，以及审理一般的牌照申请。

属西印度群岛的实际情况而前往当地。他们兵分两路，走访了巴巴多斯、安提瓜、圭亚那、蒙特塞拉特、多米尼加、牙买加等地。归国后由斯特奇、托马斯·哈维（Thomas Harvey）整理成书——《1837 年的西印度群岛》（*The West Indies in 1837*，1838 年）。该书详细记述了劳工被虐待的情形，以及大多数区域法官与种植园主沆瀣一气，致使反抗的劳工被宣判有罪后被收容在监狱等事实。

图 4—4　在埃克塞特会堂召开的反奴隶制集会（1841 年左右的版画，现藏于美国国会图书馆），该会堂经常举行反奴隶制集会，后成为废奴主义运动的象征地

　　与此同时，1837 年 11 月初，反契约劳工制运动开始蓬勃发展。埃克塞特会堂再次举行大型集会，公开英属西印度

群岛契约劳工的真实处境，并通过了批判契约劳工制度的决议。此外，新成立的黑人解放中央委员会在英国各地举行集会后，又于 1838 年 3 月 14 日在埃克塞特会堂召开了约有 500 人参加的大型集会。担任议长的布鲁厄姆男爵（Henry Peter Brougham）呼吁："必须着重关注黑人的利益，且只关注黑人的利益！"全国各地也发起了废除契约劳工制度的署名请愿活动，截至 3 月底，署名请愿书的数量已约达 250 件。

1838 年 5 月 22 日，乔治·威尔默特（John Wilmot）向议会下院提出议案，要求于 1838 年 8 月 1 日结束包括室外奴隶在内的契约劳工制度。议会立即开会讨论，并通过了该议案。不过，最终契约劳工制度的废除需要通过各殖民地议会的决议。虽然在特立尼达、圭亚那、牙买加等地遭到了强烈的抵抗，但是蒙特塞拉特议会通过决议后，其他殖民地议会也陆续通过了决议。就这样，自 1838 年 8 月 1 日起，契约劳工制度正式被废除。

南北美洲奴隶制的废除

经过英国国内废奴主义人士的努力，更为重要的是经过奴隶们自身的艰苦奋斗，奴隶制度最终在 19 世纪画上了句号。在本节的最后，让我们从大西洋史的整体视角出发概览一下这场运动。

截至 19 世纪 30 年代初，法属西印度群岛一直都在进行着非法奴隶贸易。1817—1831 年间，英国海军共捕获了 108 艘法国奴隶船。此后，法属西印度群岛的奴隶贸易在英国海军的压力下消失了，岛上仍残存有奴隶制种植园的地区主要是瓜德罗普和马提尼克。1848 年，前者有奴隶人口 8.8 万人，后者有 7.65 万人。1838 年，前者有自由人口 3.5 万人，后者有 4 万多人。

在法属殖民地中，如前所述，海地已于 1804 年独立，奴隶制度也已经被废除。法国的废奴主义人士在 1829 年刊发了主张渐进式废除奴隶制的小册子，随后于 1834 年正式成立了废除奴隶制协会。这些无疑是受英国废奴运动影响的结果。该协会虽然得到了基佐（François Pierre Guillaume Guizot）等政治家的支持，但没有在大众中引起更大的影响。著有《论美国的民主》（Democracy in America）一书的托克维尔（Alexis de Tocqueville）也是该协会的支持者，他提出应同英国一样拿出 1.5 亿法郎的补偿金、6 年契约期满后解放奴隶的提案，但是政府并未将该提案付诸实施。

1840 年左右，废除奴隶制协会吸纳维克多·雨果（Victor Marie Hugo）、路易·勃朗（Louis Blanc）、拉马丁（Alphonse de Lamartine）等人成为会员，随后开展了即刻废除奴隶制度的议会请愿运动。同一时期，要求取消限制选举制度的选举法改革运动也正在轰轰烈烈地进行着。国王路易·菲利普（Louis Philippe Ⅰ）拒绝改革选举法，引发民众愤怒，于 1848 年 2 月被迫退位并逃亡伦敦，临时共和政府成立（二月革命）。

在革命政权的统治下，废除奴隶制度法令于 4 月 27 日通过，5 月 2 日颁布。马提尼克种植园中的奴隶们于 4 月底涌入圣波埃尔等街道。殖民地政府本欲镇压这一运动，但不料 5 月 22 日爆发了多起冲突事件。消息传到瓜德罗普以后，殖民地政府为了避免冲突，于 5 月 27 日宣布无条件废除奴隶制度。

马提尼克"叛乱"的消息影响了整个加勒比海地区。虽然西属古巴总督想要阻止该消息的传播，但荷属小安的列斯群岛的圣马丁、圣尤斯特歇斯岛等地的总督根本无力阻止。就这样，各个岛屿的奴隶们敲着大鼓，吹着法螺，为"叛乱"欢呼。丹麦殖民地圣克罗伊岛的 2.5 万名奴隶也对此发起了响应活动。丹麦虽然于 1802 年已经禁止了奴隶贸易，但奴隶制度直至 1848 年 9 月才得以废除。

如此一来，除西属古巴及波多黎各外，加勒比海各地区的奴隶制度至 1848 年基本瓦解。波多黎各直到 1873 年才废除奴隶制。

南美洲的西属美洲各殖民地虽然在 1810—1820 年间相继独立，但奴隶制度依然残存。哥伦比亚于 1851 年完全废除奴隶制，在其后的两三年间，阿根廷、委内瑞拉、秘鲁、厄瓜多尔、玻利维亚也陆续废除了奴隶制度。就这样，到了 1860 年，包括加勒比群岛在内的南北美洲地区，奴隶制仍然残存的有美国、古巴、巴西及荷属苏里南等。苏里南于 1863 年废除奴隶制。这里需要注意的是，美国奴隶制的废除时间在整个大西洋地区中是相当晚的。

北美洲自殖民地时代以来，弗吉尼亚的烟草种植园、南卡罗来纳及佐治亚的稻米蓼蓝种植园等都奴役着很多奴隶，此外，也有一部分奴隶散布在北部地区。然而独立以后，北部各州根据 1787 年的《西北条例》（*Northwest Ordinance*）废除了奴隶制，南部的奴隶制度也逐渐走向衰退。

然而，此时一种新的支柱商品——棉花登场了。1793 年，得益于惠特尼（Eli Whitney）发明了轧棉机，南卡罗来纳、佐治亚、密西西比等南方腹地的棉花种植园急速扩大。

图 4—5 　弗吉尼亚州亚历山大港的奴隶公司（1861—1865 年，现藏于美国国会图书馆）

为了满足新的奴隶需求，约有 70 万名奴隶从弗吉尼亚等地被迫迁往棉花种植园。此外，在奴隶价格高涨的背景下，一种专门繁育奴隶并将其贩卖到种棉地区的"奴隶牧场"生意也随之兴起。产出的棉花大多会销往英国，支撑其棉纺工业的发展，成为工业革命的原动力。

据推测，南北战争（1861—1865 年）以前美国的奴隶人口约有 400 万人。废奴运动人士在美国也相当活跃。特别是 19 世纪 30 年代以后，弗吉尼亚爆发了由奈特·杜纳（Nat Turner）率领的奴隶"叛乱"（1831 年），主张即刻废除奴隶制的威廉·劳埃德·加里森（William Lloyd Garrison）创立美国反奴隶制协会（1833 年），逃亡奴隶弗雷德里克·道格拉斯（Frederick Douglass）成为废奴主义人士并积极从事废奴活动，反对奴隶制的相关运动进行得如火如荼。

但是，当初南北战争双方争夺的焦点未必在于解放奴隶，重点是维持美利坚合众国的联邦体制。1862 年，林肯（Abraham Lincoln）总统在战争期间曾表示："我的首要任务是拯救联邦，是否废除奴隶制并非紧要课题。"不过，他在就任总统之前就一直认为奴隶制是一种道德上的错误。

1863 年 1 月，林肯发表的《解放黑人奴隶宣言》（*The Emancipation Proclamation*）是孤立南方邦联之战略的一个环节。北军联邦各州的目的并不只是维持联邦体制，还附带着要解放奴隶，以此来动摇南部邦联，使其在国际上陷于孤立境地。战争中南北双方的死亡人数共计超过 60 万人，战争之惨烈程度前所未有。1863 年 7 月，北军在葛底斯堡战役（Gettysburg）中获胜。该战役成为南北战争的转折点，最终经济上占据优势的北部联邦各州取得了胜利。包括被解放奴隶在内的许多黑人也加入了北军。战争结束后的 1865 年 4 月 15 日，林肯遭遇暗杀，但依据宪法修正案第 13 条之规定，同年 12 月奴隶制度在美国境内被成功废除。

图 4-6　奴隶解放日

北卡罗来纳州的北军黑人士兵解放奴隶 [《哈波斯周刊》（*Harper's Weekly*），1864 年 1 月 23 日号]

被解放的黑人们在形式上是自由的，可以自由移动和结婚，也有人移居西非的利比里亚、西部的新墨西哥州、亚利桑那州、内布拉斯加州、堪萨斯州等地，但绝大多数人仍在原种植园主处当佃农谋生。他们被给予一定的农业用地，靠种植棉花的收成购买食物和生活必需品。虽然从奴隶变成了佃农，但同样受到种植园主的支配。种植园主也觉得这与奴隶制时代相比没什么变化。

战后重建时期，由共和党激进派主导的宪法修正案第14、15 条获得通过，赋予了包括黑人在内的所有公民以公民权和投票权（仅限男性）。1875 年，《民权法案》（*Civil Right Act*）被制定，规定所有美国公民不分种族、肤色，均享有平等的居住权，享有平等使用公共设施和公共交通的权利。

然而，这样的种族平等政策遭到了多数白人的反对。最终，宪法修正案第 10 条的解释尘埃落定，即除特殊情况外，美国宪法没有限制个人行为的权限，对个人行为的制约属于州政府的权限，因此对黑人的歧视在各州不同的法律中都被合法化了。《民权法案》实际上变成了一纸空文。

如此一来，在以南部为中心的地区形成了所谓的"吉姆·克劳（Jim Crow）体制"。"吉姆·克劳"一词源于南北战争以前白人演员将面部涂黑在舞台上和着名为《跳！吉姆·克劳》的歌谣跳舞的角色。该词与"无知且愚蠢的黑人"之刻板印象紧密联系在一起。

吉姆·克劳体制的最大基础是种族隔离。具体而言，在公立学校、医院、餐厅等公共场所以及路面电车、巴士等公共交通工具上，设黑人专区。该体制的另一个基础是对黑人进行识字测试，这在本质上剥夺了黑人在各州及地方自治团体中的投票权。直至第二次世界大战后，1964 年新《民权法案》出台，基于白人优越论的种族歧视和隔离体制才画上句号。

接下来，古巴的奴隶制度废除问题在 1868 年 10 月开始的第一次独立战争过程中浮出水面。在其独立宣言中，含有渐进式且带有补偿方式的废除奴隶制条款。不过，西班牙政府以前就曾提出过这种废除奴隶制的方式。顺便一提，1869 年古巴的总人口约为 140 万，其中白人约有 76 万人，奴隶约有 36 万人，已获得解放的奴隶约有 23 万人，此外还有 3 万多名来自中国的契约移民。中国移民作为代替奴隶劳动的新劳动力而备受期待，这一点稍后会提及。

1870 年 6 月，西班牙政府颁布了《西属安的列斯群岛废除奴隶制预备法案》，俗称《莫蕾法案》。该法案解放了奴隶新生儿、老年奴隶以及加入西班牙军队的奴隶。随后，1878 年第一次独立战争结束，众多奴隶及获得解放的奴隶参与了这次战争，使得古巴的奴隶制度在 1886 年 10 月被彻底废除。

巴西在 1850 年禁止奴隶贸易以后，虽然没有再输入新奴隶，但咖啡生产量却持续增长。为应对这一形势，巴西开始放宽国内的奴隶交易，将巴伊亚及其他地区的奴隶送至巴西东南部的咖啡生产区域。从 1851 年到 1885 年，转移的奴隶人数有30 万—40 万人。

另一方面，19 世纪后半期废除奴隶制运动也在加速推进中，其契机是拉普拉塔地区领土争端引发的巴拉圭战争（1864—1870 年）。奴隶制的存在妨碍军事行动的顺利开展，因为奴隶已经不能像美国南北战争时那样成为军队的兵力。于是，1871 年巴西通过了《里约布兰科法》（*Rio Branco Law*），规定有条件地解放奴隶新生儿。

　　19 世纪 70 年代末至 80 年代，除了激进派废奴主义活动家发起的相关运动以外，奴隶们自身也会揭竿而起或是逃亡。帕特罗西尼乌（José do Patrocínio）等人成立了解放奴隶中央协会，若阿金·纳布科（Joaquim Nabuco）等人成立了反奴隶制协会，各地的反奴隶制运动蓬勃发展。为此，政府方面制定了《哥达吉贝法》（*Saraiva-Cotegipe Law*），规定 60 岁及以上的奴隶可获得解放。但这明显是政府有意延续奴隶制的策略，因而遭到了激烈的批判。最终，政府于 1888 年 5 月制定了"废除奴隶制度，撤销所有奴隶法案"的《黄金法案》①。

　　就这样，直到 1888 年为止，包括加勒比群岛在内的整个南北美洲地区才全面废除了奴隶制度。

---

① *The Golden Law*，又名 *Lei Áurea*。

二、从奴隶到移民——19 世纪人口大流动

从奴隶劳动到契约劳动

话题再回到英国。奴隶完全解放以后，英属西印度群岛的种植园经济整体大幅衰退。就砂糖生产来说，1839—1846年的生产量与 1824—1833 年相比减少了 36%。譬如牙买加，有一半种植园转为雇佣劳动制，而剩余的另一半种植园生产则只能处于停滞状态。

解放后不久，许多奴隶离开种植园，过上了自给自足的生活。虽然也有人因生活无以为继又重返原种植园，但拥有数英亩大小土地的人数日渐增多，不仅牙买加，放眼整个西印度群岛都是如此。1845 年，牙买加这样的国家人口约有 2.7 万人，到了 1861 年增至 5 万人左右。据报告记载，1851 年，在圭亚那的 1.1 万个小农场里生活着约 4 万名自由黑人。

如此一来，能够代替黑人奴隶支撑起种植园经济的新劳

动力便成为必需。从 19 世纪 30 年代末开始，为了确保劳动力，曾先后尝试将法国、德国的贫困劳动者引入特立尼达和牙买加，但他们大多因厌恶在种植园劳动而选择逃离。后又将大约 3 万名葡萄牙人从马德拉群岛引入圭亚那，但其中多数人不是因患热带病而死去，就是离开了种植园从事小买卖。除此以外，还从黑人人口稠密的巴巴多斯、纽约、巴尔的摩等地引入自由黑人到特立尼达。然而，以上措施引入的劳动人口对于种植园经济的需求来说仍然过少，而且在引入的劳动人口中有很多又离开了种植园。

另一种方法是本书第三章曾提到的，将塞拉利昂殖民地被解放的非洲人引入西印度群岛。英国下院特别委员会对这一问题进行过讨论，并得出结论，即被解放的非洲人应该会愿意在西印度群岛成为自由劳动者。然而，当时被解放的非洲人并不认为前往西印度群岛是一件好事，因为那会勾起他们在奴隶船上悲惨经历的回忆，而且他们也听到了一些关于砂糖种植园的负面传闻。

即便如此，英国政府为推动这一计划的实施，停止了一直以来给塞拉利昂被解放的非洲人提供的生活保障，并支付给他们前往西印度群岛的船资。就这样，19 世纪 40 年代有 1 万多人被引入西印度群岛。据推算，1834—1867 年，有近 4 万名获得解放的非洲人被引入西印度群岛，而 19 世纪 50 年代以后，人数则急剧减少。

来自印度和中国的契约劳工

在印度北部城市勒克瑙（Lucknow）有一个叫穆罕默德·谢理夫的人，曾在一名英国军官手下工作，但后来因该军官离开了印度而处于失业状态。1870年夏的某天，他从集市上的一名过来搭讪的男子口中得知，如果去圭亚那的砂糖种植园，就可以得到一份工作，于是欣然同意前往。谢理夫等9人被带至加尔各答，并于同年8月25日登上了"美蒂号"（装载1066吨）。那艘船上共有447人与谢理夫处境相同，其中男性304人，女性91人，儿童31人，幼儿21人。在87天的航海过程中，有6人死亡，5名婴儿出生。

谢理夫签订的契约规定，不需要支付船资，返回印度时亦然。契约期限为5年，日结工资每天28美分。契约到期后仍可在圭亚那停留5年，届时再决定是否返回印度。对谢理夫来说，砂糖种植园的劳动虽然非常繁重，但慢慢也就适应了。

1869—1870年，从加尔各答出发抵达圭亚那的船有15艘，运送了大约6700人。对当时到达圭亚那的5.3万人进行调查后发现，他们基本来自印度，其中七成以上为男性，且3/4以上是契约劳工。

如上述案例所示，19世纪50年代以后，英属西印度群岛有大量来自印度的契约劳工。最早接受印度劳工的是位于印度洋的毛里求斯，从1829年起至1850年共计引入12万人。继毛里求斯之后，西印度群岛也开始引入印度劳工。

　　牙买加的砂糖生产正如前文所述，在奴隶制废除以前便已经开始衰退，其主要原因是未开发的土地越来越少。奴隶制废除以后，尽管牙买加引入了大约 5.7 万名契约劳工，但砂糖的出口量仍然不断减少。

图 4-7　特立尼达的印度劳工（19 世纪 90 年代，收藏于美国南卫理公会大学）

　　相反，圭亚那和特立尼达是新开发的殖民地，拥有广阔的肥沃土地。1852—1908 年，圭亚那引入契约劳工共计 30 万人左右，开垦了大量新土地，使得砂糖出口量增长了 270%。1850—1880 年，特立尼达也引入了 16.6 万名契约劳工，砂糖出口量同样增长了 270%。此外，大约有 1.2 万名中国人也在第一次鸦片战争（1840—1842 年）后的 1859—1866 年间被引

202 | 奴隶船：海上奴隶贸易 400 年

入英属西印度群岛，不过之后便中断了。

就这样，来自印度的契约劳工成为英属西印度群岛种植园中的主要劳动力，这里简单说明一下运送他们的船舶与奴隶船的区别。

我们在本书第二章中曾提及，18 世纪奴隶船的平均大小为 100—200 吨。大卫·诺斯鲁普（David Northrup）的研究表明，1821—1843 年奴隶船的平均大小为 172 吨，而 1858—1873 年运送印度契约劳工的船只平均大小为 968 吨，可以说相当庞大。再者，比较每 100 吨的装载量，前者装载奴隶 257 人，后者装载契约劳工 42 人。后者与奴隶船不同，乘船者不仅可以在船舱和甲板上自由活动，还可以在上下铺的床上休息。

不过，从印度到西印度群岛的航程相当漫长，即便是航速较高的快速帆船也需要花费大约 3 个月的时间。因此，1851—1870 年，契约劳工在航海过程中的死亡率为 5% 左右，仅比同时期奴隶船的死亡率低 1—2 个百分点。

接下来看一下来自中国的契约劳工的情况。在鸦片战争后他们的人数明显增加。虽然前往的目的地不同，但如果限定在西印度群岛和南美洲，则主要集中在古巴和秘鲁。诺斯鲁普的研究结果显示，1847—1873 年及 1901—1924 年两个时间段内，共有大约 13.8 万名中国人前往古巴。此外，秘鲁的情况也基本相同，1849—1875 年共有大约 11.7 万名中国人前往。

中国的契约劳工是被以厦门、澳门、广东、香港等为据

点的中国掮客（broker）诱骗甚至暴力绑架到船上的。1874 年
中国驻古巴官员的实地调查结果显示，有八成中国受访者表示
自己在出航前遭到诱拐或欺骗并被带至古巴。有人认为八成这
一数值过于夸大其词，但即便如此也仍然可以想象，他们的处
境无论在船上还是在当地种植园中都与奴隶相差无几。

例如，在开往秘鲁的船舶中有一艘臭名昭著的"玛利
亚·路斯号"（Maria Luz）。1872 年，该船从中国澳门开往
秘鲁，途中经停横滨港时，因船上装载的 231 名中国人（苦
力）被怀疑是奴隶而发展成国际司法案件。

顺便一提，1847—1860 年，从中国开往古巴的移民船人
员死亡率约为 15%，比奴隶船的死亡率还高。此外，有 452
名黑人奴隶和 125 名中国人在奴隶制废除以前就已经在古巴的
甘蔗种植园从事劳动了。由此可知，中国人经历过新中央航路
上的苦难，曾经如奴隶一般地劳动着。

移民巴西的契约劳工

巴西也是在奴隶制废除以前便引入移民劳工的国家之一，
尤其是在咖啡种植园中，许多来自欧洲国家的移民被奴役着。
巴西的整体移民流入量在 19 世纪 70 年代为 19 万人，80 年代
为 45 万人，到了 90 年代激增至 121 万人。

咖啡生产方面，最初是里约热内卢遥遥领先，后来渐渐
被圣保罗追上，19 世纪 80 年代最终被圣保罗赶超。这是圣保

罗州政府预见到奴隶制将要废除，积极引入移民劳工的结果。政府还为移民劳工支付了船资。迁入圣保罗的移民劳工相关数据（1827—1939 年）显示，有 95 万人来自意大利，45 万人来自葡萄牙，38 万人来自西班牙，还有 19 万人来自日本。就这样，在 20 世纪初期，圣保罗的咖啡生产量约占巴西咖啡生产总量的七成。这是一个劳动力从奴隶转向移民相对顺利的案例。

这些契约劳工被称为"垦殖者（colono）"，契约的期限通常为 5 年。为确保移民劳动力的稳定，政府出台了"家庭构建制度"。这一制度确保了包括夫妻两人与 12 岁以上孩子在内的三人以上的劳动力，使他们不再单枪匹马而是能够以家庭的形式正常生活、工作，因此无论是对种植园主来说还是对当时的移民来说都是一种比较好的制度。

不过，从奴隶身份转变为被解放劳动者的黑人劳工也在种植园中与移民劳工一起工作，可想而知劳动条件异常严苛。他们的薪资是根据培育好的成熟咖啡树株数来计算的，此外，如果收获的咖啡果实重量大于标准重量，还会追加绩效奖金。一言以蔽之，种植园建立起了一套生产能力越强收入越多的机制。就这样，一些人积累了收入，购买了土地，变成了自耕农。

禁止奴隶贸易与瓜分非洲

虽然奴隶船在大西洋中横行的时代已经终结，但讽刺的是，禁止奴隶贸易却被欧洲列强拿来当作殖民主义正当化的理由。始作俑者就是英国政府和英国海军。正如前文所述，塞拉利昂殖民地即因此而形成，关于这一点我们再讨论一下。

西非贝宁湾海岸的拉各斯自大西洋奴隶贸易初期开始便是奴隶贸易的据点，进入 19 世纪中叶以后这里的奴隶贸易仍在继续。1850 年，英国外交大臣巴麦尊（Palmerston）命令海军司令官与拉各斯国王缔结禁止奴隶贸易的条约，并扬言如果拉各斯国王拒绝缔结条约则不惜动用武力。

拉各斯国王拒绝缔结条约，于是英国海军强行封锁海面，并着手攻击拉各斯，取得了胜利。迫使拉各斯国王退位后，又扶植前国王阿基托耶（Akitoye）上位，并与其缔结了禁止奴隶贸易条约。攻击拉各斯的消息传回英国后，也曾遭到批判，认为这是干涉他国内政的行为，但禁止奴隶贸易的目的将这一手段变得正当化。英国海军的武力攻击被误以为是为了禁止奴隶贸易这一大义而不得已才动用的，就这样获得了认可。

1851 年，巴麦尊公开表明：“破坏拉各斯这一海盗及掠夺的巢穴，是文明化诸国民之义务。”将奴隶贸易定义为海盗行径，具有超越修辞技巧的实践性意义。国际法规定海盗是人类共同的敌人，因此世界上任何地方都不允许海盗行径（奴隶贸易活动）的存在。

此外，英国对非洲各国的态度，如同大人对小孩一般。换言之，英国人决定什么“对非洲人来说是有益的事情”，非洲人只要接受即可。他们认为禁止奴隶贸易对非洲人有益。于是，在使非洲"文明化"的逻辑下，干涉非洲的行为被正当化了。

效仿英国的欧洲列强，打着禁止奴隶贸易的旗号，从非洲沿岸向内陆入侵。1884 年，为调停日益激化的殖民地竞争，在俾斯麦（Bismarck）提议召开的柏林会议上，14 个列强国制定了"瓜分非洲"的规则。在 1889 年的布鲁塞尔会议上，禁止奴隶贸易成为对非外交政策的重心。

结　语

奴隶制度并未终结

　　美国、古巴、巴西先后于 1865 年、1886 年、1888 年废除了奴隶制度,南北美洲的奴隶制度宣告终结。那么,就此全世界的奴隶制度真的都被废除了吗?

　　答案是否定的,奴隶制度一直延续了到今天。1999 年,凯文・贝尔斯(Kevin Bales)在其著作《用后即弃的人:全球经济中的新奴隶制》①(*Disposable People: New Slavery in the Global Economy*)中称现代的奴隶制为"新奴隶制",以区别于旧奴隶制。他指出:"新奴隶制不是传统意义上的旧奴隶制那样'拥有奴隶',而是完完全全地'控制人'。为了赚钱,人变成了完美的'用后即弃的工具'。"困于新奴隶制中的人,绝大多数是女性和儿童等弱势群体。

---

① 凯文・贝尔斯著,曹金羽译:《用后即弃的人:全球经济中的新奴隶制》,南京大学出版社 2019 年版。

贝尔斯的研究结果显示，世界上存在的奴隶人数至少也有2700 万人，其中 1500 万—2000 万人是印度、巴基斯坦、孟加拉国、尼泊尔等地的债务奴隶，其余的集中在东南亚、非洲西部、北部，以及南美洲各地。而在美国、欧洲、日本等发达国家，或者说，在世界上的任何一个国家中也都有奴隶存在。

后来，2016 年，他又在其著作《血与大地：现代奴隶制、环境破坏和拯救世界的秘密》[①]（*Blood and Earth: Modern Slavery, Ecocide, and the Secret to Saving the World*）中将世界上的奴隶人数修正为 4580 万人。也就是说，现代世界的奴隶人数要远多于本书第一章中所述大西洋奴隶贸易时代从非洲绑架的奴隶人数。

再回到《用后即弃的人：全球经济中的新奴隶制》一书。该书介绍，奴隶从事最多的劳动是农业生产，此外还有制砖、开采矿石、石材切割、卖淫、宝石加工、制衣、织毯以及家务劳动等。奴隶制作的商品及提供的服务被全世界各国消费者所享用。大型跨国企业通过在发展中国家设立子公司的方式，利用奴隶的劳动力来赚取高额利润。将人奴隶化的标准与种族、民族、肤色、宗教无关。奴隶持有者[②]只是利用了世界上人的软弱、易骗、贫穷等落井下石。

---

① 凯文·贝尔斯著，张祝馨译，《血与大地：现代奴隶制、环境破坏和拯救世界的秘密》，南京大学出版社 2020 年版。

② 凯文·贝尔斯在《用后即弃的人：全球经济中的新奴隶制》中认为，与旧奴隶制时代的奴隶所有者相比，新奴隶时代的奴隶持有者虽然没有法律上的所有权，却获得了完全的控制权，而且可以用后即弃，不用对奴隶们负责，故此处译为奴隶持有者。

随着世界经济的全球化，第三世界的传统家族及他们赖以生存的小规模农业逐渐解体，失去生活依靠的人就沦为了奴隶。奴隶持有者从奴隶身上尽可能多地榨取劳动力，用后即弃。也就是说，一个人作为奴隶的时间被压缩了，当其价值被完全榨干再无可用时，便会被彻底丢弃。

贝尔斯列举了三种现代奴隶制形式，即动产奴隶制、债务奴隶制、契约奴隶制。动产奴隶制是最接近旧奴隶制的形式，一个人被俘获或贩卖后，会长期处于隶属状态。这种形式常见于非洲西部、北部和一些阿拉伯国家，但在新奴隶制中所占比例较低。

债务奴隶制是为借款而以自身、家庭成员特别是儿童作抵押的一种奴隶形式，不过，并没有明确规定的服务期限和工作内容，也并不会因劳动而减少债务。这一形式在印度、泰国等较为常见。

契约奴隶制是为保证作坊或工厂的雇用而签订契约的一种奴隶形式，但也有被带到工作地后才意识到自己变成了奴隶的情况发生。契约是引诱人落入奴隶制的诱饵，也是使奴隶制看起来合法的一种手段。该形式多见于东南亚、巴西、阿拉伯诸国、印度次大陆等地区。

以上这些全部都是以暴力形式使人沦为奴隶，以榨取劳动力为目的，违反个人意愿所施行的囚禁。

泰国与巴西

贝尔斯的研究显示，在泰国，约有 35000 人沦为性奴隶，其中大多数是从泰国北部农村被带出来的少女。中介与他们父母交涉，确定女儿的价格。一名 15 岁少女的价格换算成日元是 24 万，中介与其父母签订的契约规定，这笔钱由女儿工作偿还，债务还清之前，该少女不能休假，也不能给家里寄生活补贴。然而，有时债务中会存在一些非法利息，即便少女沦为性奴隶也无法还清债务。例如，一名少女的债务最初是 24 万日元，被中介带至南部后以 48 万日元的价格卖给妓院，该妓院便会将少女的借款翻一倍。

这种债务奴隶制将少女们完全置于妓院经营者和皮条客的控制之下。在有能力赚钱时，她们被囚禁在妓院，被暴力控制着。如果逃跑或抵抗，就会遭到殴打，债务也会随之增加。久而久之，少女们变得老实听话，皮条客就会告诉她们："你的债务还清了，可以往家里寄点钱了。""债务还清"并非基于计算，而是由皮条客自己随意定夺。如此一来，控制她们会更加易如反掌。

巴西虽然已经废除了奴隶制，但贝尔斯认为在广袤国土的一些角落仍然存在奴隶制，"新奴隶制生长在旧有规范和传统被破坏的地方"。

巴西西部的南马托格罗索州也是新奴隶制的舞台之一。该处主要生产钢铁厂使用的木炭，所需劳动力是从较远的米纳斯吉拉斯州运送过来的。招募木炭生产劳动者的职业中介人被称为格托（gatos）①。格托开着拉牲口用的卡车进入米纳斯吉拉斯州的贫民窟，到处吆喝着："雇用男丁！拖家带口的也欢迎！"

格托的言语对穷困潦倒难以糊口的男人们极具吸引力，加之又向他们列举了薪资和食物等极具诱惑性的条件，于是很快卡车上便装满了人，劳动者们就这样被运往西部。

但是一抵达烧炭场，他们就发现自己被持枪的男人们包围了。格托则粗鲁地对他们说："你们现在欠下的债务多如山，路费、餐费，还有给你们家人的钱，所以，逃跑之类的事，做梦都别想！"从这一刻起，他们已不再是巴西的公民，而变成了奴隶。他们无法从烧炭场逃离，不能抱怨工作，也拿不到薪资，当然更不能返乡与家人相见，每天都被强制劳动。从理论上讲，他们有借款，所以必须工作到还清为止。但是，即使过了数月，他们仍不会清楚借款还剩多少没有还。各种"累积"会确保他们的借款始终有剩余。

不过，格托和雇主并不想持有这些劳动者，仅仅是想要尽可能多地榨取他们的劳动力，最多两年时间他们就会被丢弃，因为过度疲劳等使很多人染上了疾病。

---

① 凯文·贝尔斯著，曹金羽译：《用后即弃的人：全球经济中的新奴隶制》，南京大学出版社 2019 年版。

现代世界的奴隶船

下山晃在《世界商品与童奴》中呼吁公众关注在西非科特迪瓦可可种植园中工作的童奴。在反对使用童奴的海报下方附有如此解说:"巧克力的甘甜不应掩盖住奴隶制度下的痛苦经历。作为巧克力原料的可可都是由幼小的孩子们生产出来的,而那些孩子是被诱骗拐卖到科特迪瓦的可可种植园后被当作奴隶使用的。在那里的可可农场,有超过11万名儿童被迫从事'最恶劣的童工劳动'。"

科特迪瓦的可可产量占世界可可总产量的四成以上,此外,加纳、尼日利亚的可可种植也开展得如火如荼。从邻国马里、布基纳法索、多哥等地被贩卖到这些国家的孩子们作为奴隶被迫从事着可可种植。

2001年4月24日的《读卖新闻》中有一则相关报道引起了人们的关注,同年4月18日的《每日新闻》中也有类似的报道。报道中说,尼日利亚籍商船"雷提埃诺号"(MV Etireno)上载有一群被买来当作奴隶的儿童,该船3月30日从贝宁的科托努港出发驶往加蓬,但被拒绝入境,随后转往喀麦隆也遭到拒绝,4月17日又返回科托努港。

贝宁政府的官方新闻报道称"船上搭载着被卖到大农场工作的儿童多达250名",因而该事件成为轰动一时的焦点问题。随后警方展开调查,确认船上只搭载了40名儿童。他们大多是为了前往新天地生活而与父母一同乘船的,只有从多哥和马里来的数名儿童是单独乘船。当地的联合国相关人员质疑："（途中）是否有孩子被投入海中？"

或许在现代也发生着与 18 世纪奴隶船"宗号"事件相同的事情。下山晃表示，其后的调查显示船上搭载的孩子们当时正处在被拐卖后送往科特迪瓦可可种植园的途中。

联合国儿童基金会（UNICEF）及人权组织表示，在西非，儿童被奴隶商人以大约 15 美元的价格购买，然后被送到可可或咖啡农场进行强制劳动，少女有时还会被迫沦为性奴隶。加纳大学历史系主任娜娜·布鲁克姆指出："西非曾被称为奴隶海岸，从 16 世纪到 19 世纪有超过 1000 万人从这里被送往南北美洲和加勒比群岛。人口贩卖从那个时代开始便一直存在，如今不过是输出地发生了变化。"

总部位于伦敦的反奴隶制国际组织（Anti-Slavery International）致力于暴露、揭发现代奴隶制度的实况，期望消除奴隶制。该组织的前身是 1823 年于伦敦成立的反奴隶制协会，1839 年约瑟夫·斯特奇等人又成立"英国暨国际反奴隶制协会"，并于翌年 1840 年在伦敦召开了反奴隶制国际会议。迄今为止，该组织仍在为消除奴隶制、强制劳动及奴隶交易而积极活动着。

该组织的官方网站（www.antislavery.org）上刊登了一名 15 岁少女的故事。该少女出生于尼日利亚，通过某位女性的引荐来到英国。抵达英国的第一天，一名男子便闯入房间性侵了她。从那天开始，她就沦为妓女，每天都会遭受多名男性的欺侮。

如前所述，毫无疑问，即使是现代，奴隶制仍然在全世界普遍存在，贩卖人口或奴隶贸易依然盛行，有时奴隶船甚至可以光明正大地行驶往来。奴隶船与奴隶制度并非过去的问题。国际劳工机构（ILO）也在其报告中指出，2016 年时，现代世界中大约存在奴隶 4030 万人。

2018 年 12 月，澳大利亚颁布了《现代奴隶法案》（*Modern Slavery Act*）。该法案规定，在澳开展业务年销售额在 1 亿澳币以上的企业有义务每年报告包括往来客户在内的关于强制劳动的防范措施。当然也适用于在当地开展业务的日本企业。这是一项防范强制劳动、童工劳动等侵犯人权行为的举措。报告书由澳大利亚政府在网络上公开。美国加利福尼亚州（2012 年）、英国（2015 年）、法国（2017 年）等地也制定过同样的法律。

企业将如何防范强制劳动及侵害人权的措施予以公开这一点非常重要，有问题的企业会失去消费者和股东们的支持。如同英国废奴主义人士曾经发起的抵制砂糖运动一样，消费者能严密监视、高声反对遍布全球的奴隶劳动及童工劳动至关重要。

后 记

我原本并没有那么喜欢历史。高中时，虽然与日本史相比，我喜欢世界史更多一些，但最喜欢的科目是化学，所以大学里选择了化学工程专业。进入大学是在 1968 年，这或许是我人生的转折点。当时日本全国环境公害问题频发，四大公害事件①的诉讼正在进行，原告团的辩护律师也来到学校召开研讨会，我意识到不能再单纯地只学习化学。

大学毕业后，我进入企业就职，负责开发设计等工作，6年后选择了辞职，因为我想认真地学习经济学。最初是自学，后来想测试一下自己的能力，就考入了同志社大学研究生院。硕士学位论文的选题与卡尔·波兰尼（Karl Polanyi）相关，然而却无法从中找到未来的研究方向。虽然想了解一些非洲的事情，但是开展田野调查又距离太远。

因此，博士课程期间我选择了大西洋奴隶贸易作为论文选题。最初我阅读的书是第一章中提及的艾里克·威廉斯的

---

① 即新泻水俣病事件、四日市事件、疼疼病事件、熊本水俣病事件。

《资本主义与奴隶制》及菲利浦·D. 科廷的《大西洋奴隶贸易：一份统计研究》。欧洲、非洲、新大陆的广袤世界徐徐展开，从那以后，我开始了长达30多年的研究。

2018年3月，岩波书店编辑部的杉田先生向我约稿，问能否以《奴隶船的世界史》为题写一部新书。说实话，最初我有些犹豫。如果是"大西洋奴隶贸易史"那样的内容，我很早以前就想试着总结一下，但"奴隶船"却有些不同，我担心是能否成书。考虑了一周，我最终决定积极面对，接下了这次约稿。内容当然还是以奴隶船为中心，围绕这一中心将大西洋奴隶贸易、奴隶制以及废除奴隶贸易和奴隶制运动等相关人员的鲜活事迹生动形象地描绘出来。

关于奴隶船航海方面，可以使用TSTD1、TSTD2数据库，从中可以详细知晓许多具体情况。约翰·牛顿、艾奎亚诺等人的传记已出版，据此可以勾勒出他们的生平和事迹。有关英国的奴隶贸易和废除奴隶制方面也已有论文发表，参考这些论文整理成易于理解的书籍即可。但是，仅限于英国是不能称为世界史的，还有必要尽可能多地涉及一些其他国家的状况，这对我来说是一项新的挑战。

开始进行大西洋奴隶贸易史研究以来，承蒙多位老师的帮助和指导。龙谷大学名誉教授池本幸三先生不但给了我许多宝贵建议，还将贵重资料借予我使用，此次又将"阿米斯塔德号"的相关资料借予我，在此深表感谢。

如前所述，本书执笔时将TSTD2作为基础资料之一，

打开其主页时发现内容更加完善了。奴隶船的航海数据增至
36000 件，再者，不只是大西洋上的奴隶贸易，南北美洲（包
括加勒比群岛）的奴隶贸易相关数据也被收录其中。因此，如
今已经可以检索到"阿米斯塔德号"的相关资料。

此外，还有一篇颇为有趣的论文，即内森・努恩（Nathan
Nunn）的《奴隶贸易究竟给非洲带来了怎样的影响》（*The
Long-Term Effects of Africa's Slave Trades*）[1]。该论文最后的结
论是："可以确定，在非洲尤其是许多奴隶被带走的地区是如
今非洲最贫穷的地区。"想必这是我们此后也必须继续思考的
课题。

最后，岩波书店编辑部的杉田守康先生从最初制订大纲
到校对文稿、制作图表等，直到定稿，为我提供了许多帮助。
说本书是杉田先生与我的共同成果也不为过。特此记录以表
谢意。

布留川正博

2019 年 6 月 于大阪丰中

---

[1] 论文收录于贾雷德・戴蒙德（Jared Diamond）、詹姆斯・A. 罗宾逊（James
A. Robinson）共同编著的《历史的自然实验》（*Natural Experiments of History*）
一书中。